# 网店构建指南

Guide to Building Online Stores

▶ 主　审：柏家渭

▶ 主　编：倪吉艳　　宋文红

▶ 参　编：彭丽杰　　杨　蓉
　　　　　　马　俊　　张　健
　　　　　　张　霞　　张峻旗

云南大学出版社
Yunnan University Press

图书在版编目（CIP）数据

网店构建指南 / 倪吉艳主编 . -- 昆明：云南大学出版社，2015
ISBN 978-7-5482-2399-3

Ⅰ.①网… Ⅱ.①倪… Ⅲ.①电子商务 – 网站 – 设计 Ⅳ.① F713.36 ② TP393.092

中国版本图书馆 CIP 数据核字（2015）第 194803 号

# 网店构建指南
## Guide to Building Online Stores

主　审：柏家谓

主　编：倪吉艳　　宋文红

责任编辑：熊晓霞
装帧设计：王嫣一
出版发行：云南大学出版社
印　　装：云南南方印业有限责任公司
开　　本：787mm×1092mm　1/16
印　　张：5.75
字　　数：118 千
版　　次：2015 年 9 月第 1 版
印　　次：2015 年 9 月第 1 次印刷
书　　号：ISBN 978-7-5482-2399-3
定　　价：26.00 元

社　　址：昆明市翠湖北路 2 号云南大学英华园内
邮　　编：650091
电　　话：（0871）65031071　65033244
网　　址：http://www.ynup.com
E – mail：market@ynup.com

# 前 言
## Preface

随着我国网络经济的发展，网络购物用户在不断增加，越来越多的人们愿意接受网络消费的模式，因此也有更多的人选择在网络上自主创业，本书围绕以就业为导向的职业教育理念，以电子商务创业为主线，以淘宝网为平台，全面地讲解了在淘宝网上开店的具体流程、网店设计、商品摄影、网店营销、网店物流和网店客服等内容。

本书以独到的视角和丰富的图片，详细地诠释了网店构建的主要知识和技巧，图文并茂、形象直观、实用性强，能够为读者提供全面、实用、快速的网店构建指导，实现自主创业。

编 者

# 目 录
## Contents

**第1章 网店开设流程 /1**

一、开店前准备 /1

二、开店流程（淘宝平台）/2

三、店铺基本设置与店铺装修流程 /14

四、发布宝贝 /16

五、店铺常用功能介绍 /20

六、结　语 /22

**第2章 商品摄影 /23**

一、商品拍摄的投资方式 /23

二、相机知识 /29

三、拍摄过程 /34

四、结　语 /36

**第3章 网店设计 /37**

一、图片处理 /37

二、店铺装修基本设置 /43

三、店铺标志设计 /47

四、店铺招牌设计 /52

五、图片轮播制作 /54

六、结　语 /57

## 第4章 网店营销 /58

一、商品的发布技巧 /58

二、在淘宝网上的推广方式 /62

三、淘宝网以外的推广方式 /65

四、结　语 /69

## 第5章 网店物流 /70

一、物流的概念与功能 /70

二、仓库管理 /71

三、实物配送 /75

四、结　语 /79

## 第6章 网店客服 /80

一、基本概念与分类 /80

二、作用与意义 /80

三、网店客服人员的岗位职责 /81

四、网店客服人员的工作流程和职业素养 /82

五、网店客服人员的知识和技能要求 /84

六、结　语 /86

目前,网上开店的平台非常多,例如淘宝网、拍拍网、京东、亚马逊等。这些平台的开店流程很相似,我们选取目前国内最大的网店平台淘宝网为例来讲解开店的流程。

# 第1章 网店开设流程

## 一、开店前准备

### (一)设备(身份证、开通网银的银行卡、电脑、数码相机、联系电话等)

### (二)软件

(1)即时通信工具,本书主要讲解在淘宝开店的流程,所以我们需要下载的是阿里旺旺或者千牛,通过阿里旺旺,卖家可以和买家很好的沟通,这是一个很必要的软件。

(2)淘宝助理,是一款免费客户端工具软件,它可以不登录淘宝网就能直接编辑宝贝信息,快捷批量上传宝贝。它也是上传和管理宝贝的一个店铺管理工具。此软件对卖家以后的上架非常实用。下载网址 http://zhuli.taobao.com/。

(3)图片处理工具,如 Photoshop、美图秀秀等。

为保证软件的安全性,建议直接从官方网站下载需要的软件。

### (三)资金准备

(1)保证金 1000 元,需要交保证金的项目详见淘宝网。

(2)若需要使用旺铺功能,需支付 30—1000 元不等。

(3)若不使用这些特殊功能,在淘宝开店的开店费用基本为零。

## 二、开店流程（淘宝平台）

会员注册→实名认证→开店认证→创建店铺
阿里旺旺下载。

### （一）会员注册

#### 1.成为淘宝的会员

选择在淘宝网开店，首先必须成为淘宝的会员。

（1）如果你已经有淘宝账户，可以立即点击登录或者免费开店。

（2）如果没有淘宝账户，那么就必须注册一个淘宝账户。本书从免费注册开始讲解开店的步骤。首先在地址栏输入域名 www.taobao.com 打开淘宝网首页，在页面的右边有注册模板（如图1），点击"免费注册"，开始注册会员。

图1

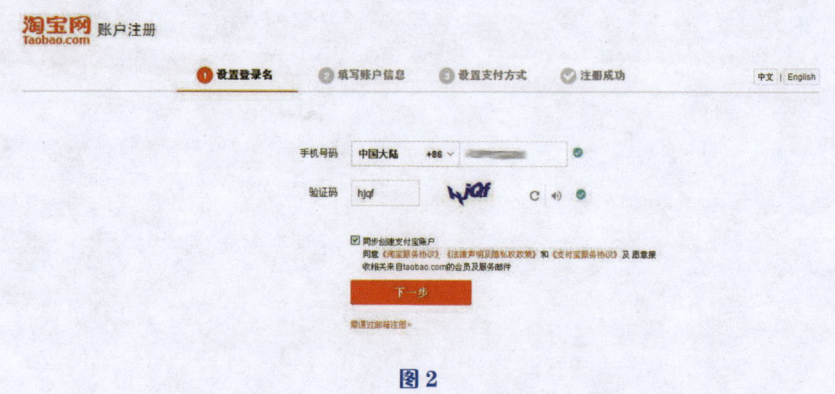

图2

（3）如果是个人用户，使用手机注册；如果是企业用户，淘宝会建议使用邮箱注册。本书主要讲解个人开店的流程。填写（图2）中的信息，所在国家/地区选择中国大陆。填写注册的手机号码，注意一个手机号码只可以注册一个淘宝账户。输入验证码，验证码输入有两种方式，一种是直接看图片获取，另一种是通过语音播报获取。选中"同意创建支付宝账户"，这代表你的手机号码就是你的支付宝账户。

点击"下一步"（如图3）。

图 3

## 2. 设置会员名和密码

淘宝会免费向注册手机发送校验码，根据收到的短信，填写六位数的校验码，点击"确定"，进入图4。

图 4

（1）会员名的设置。会员名一旦设置就不可更改，在设置的时候，就要想好自己要设置的会员名，会员名最好与自己店铺的经营类别有一定的关联。

（2）密码的设置。不要使用简单的密码（如123456、666666、888888、abcdefg）。使用数字、字母、字符的组合，这样密码等级比较高，不容易被盗取。注意此处的密码也是登录支付宝的密码。

**3. 设置支付宝支付密码和身份信息，点击"确定"**

（1）支付宝的登录密码建议进行修改，不要与淘宝的登录密码相同。淘宝规定支付密码是六位数的数字，此密码用于付款和提现等，需要妥善保管。

（2）设置身份信息，输入姓名和身份证号码进行确认。这里的真实姓名和身份证号码必须是同一个人的（如图5）。

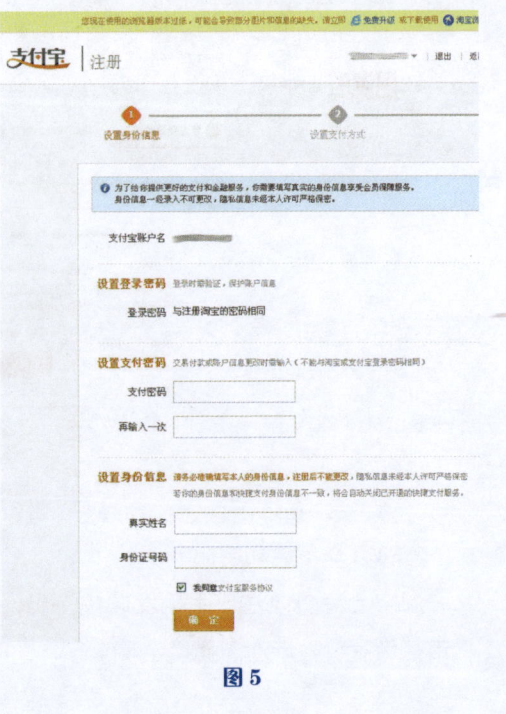

图5

**4. 设置支付方式**

将开通网银的银行卡卡号输入相应的对话框，输入持卡人的姓名。注意银行卡的开户人的名字必须和持卡人的名字一致。输入手机号码，就可以设置好自己的支付方式。淘宝会将你绑定的银行卡开通快捷支付，快捷支付以后可以自己撤销。如果你不想设置支付方式，也可以直接跳过此步骤（如图6）。

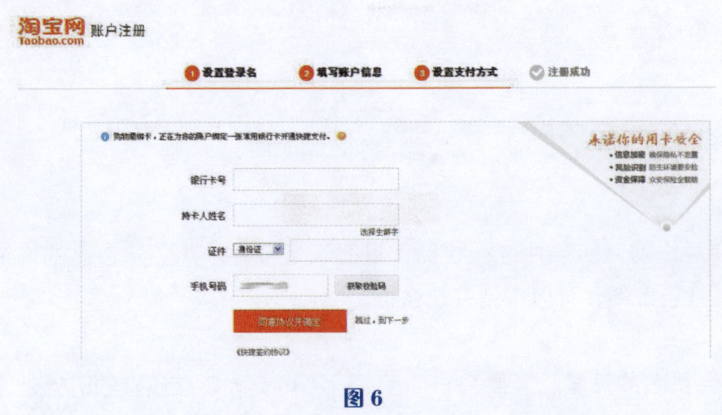

图6

## 5. 满足开店条件

账户注册成功，出现一个对话框（如图7），包括登录名、会员名等信息。点击"免费开店入口"，进入下一个步骤（如图8）。

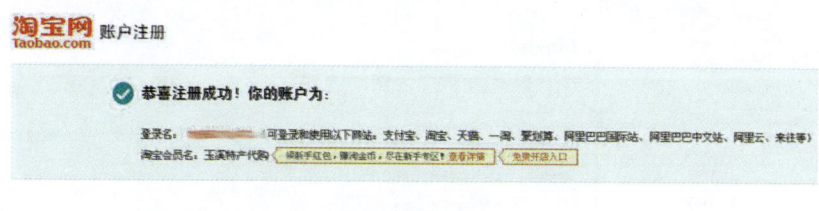

图7

点击"马上开店"（如图8）。

图8

淘宝会对你的开店条件进行检测，只有满足条件才能创建自己的店铺。图9显示已经满足开店条件，可以申请开店认证。

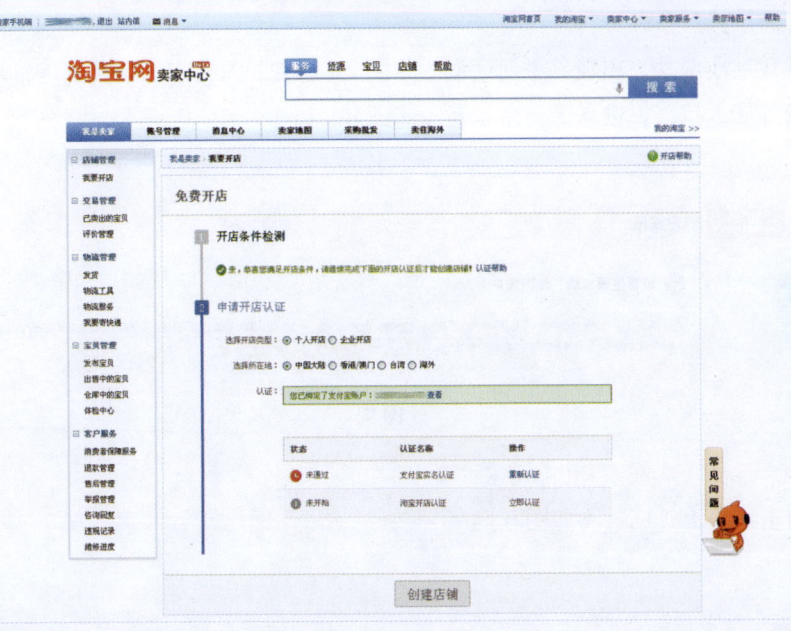

图9

**（二）申请开店认证**

申请开店认证包括两个认证：一是支付宝实名认证，二是淘宝开店认证。

**1. 支付宝实名认证**

（1）设置身份信息、支付密码等就可以通过认证（如图10）。

图10

（2）有时候需要登录支付宝网站页面才能设置，这时候就会出现图11的界面。点击"立即认证"进入图12的界面。

图11

填写真实姓名、身份证号码、支付宝支付密码（如图12）。

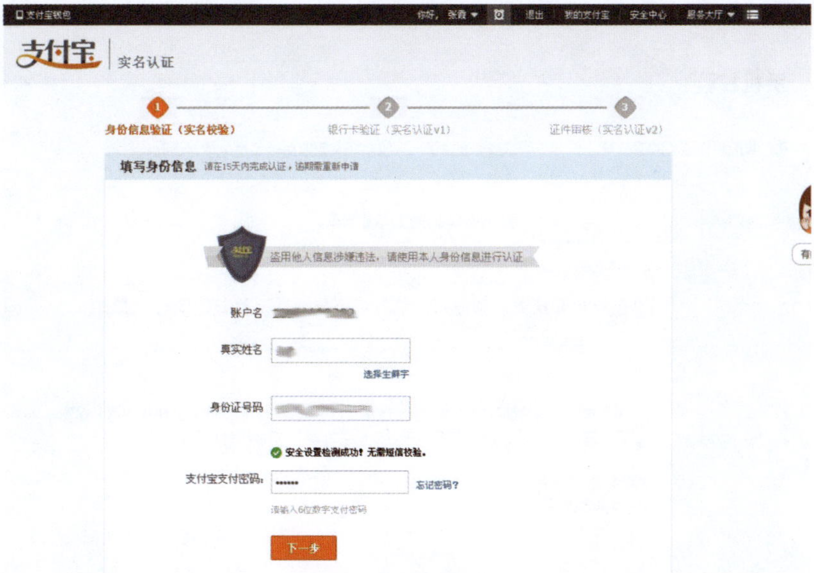

图12

填写真实姓名、身份证号码、银行卡卡号、手机号码进行银行卡验证，点击"下一步"（如图13）。

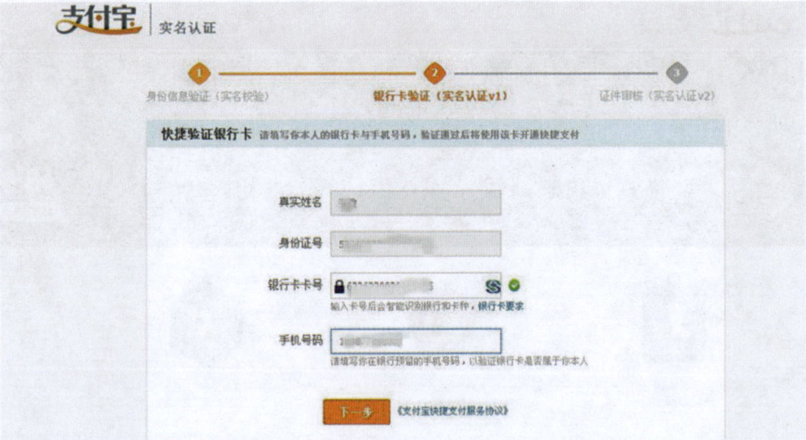

图 13

这时候淘宝会向你的账户发送一条校验码（如图14），输入校验码点击"下一步"。支付宝短信校验服务，资费0.6元/月。

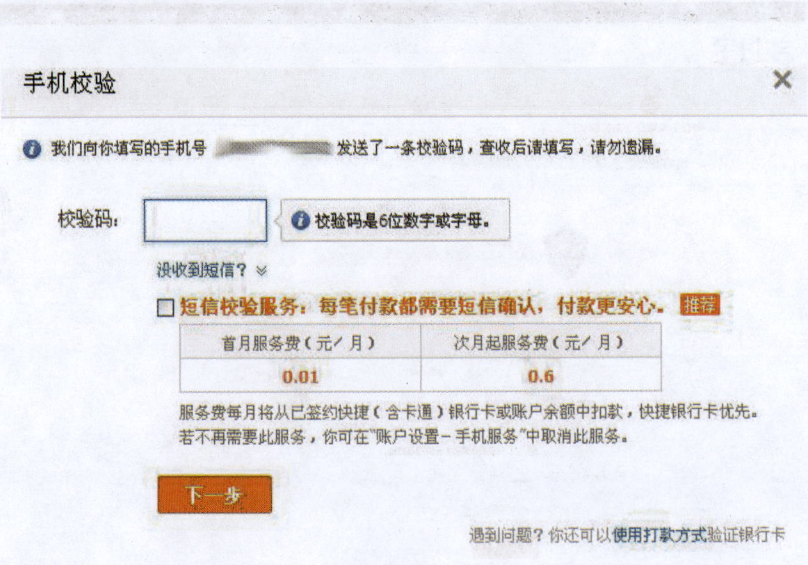

图 14

实名认证成功,出现图15。

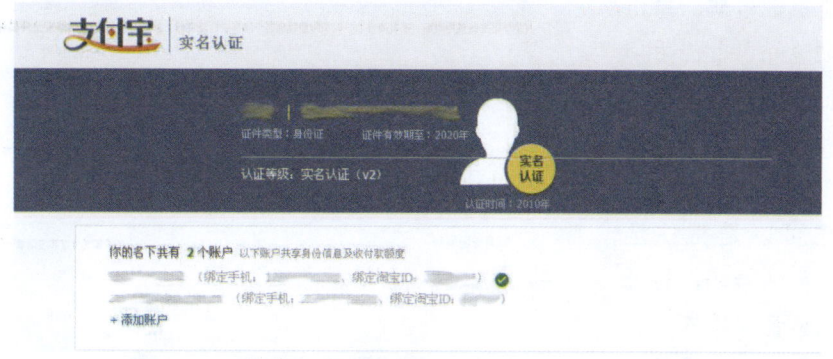

图 15

**2. 淘宝开店认证**

申请淘宝开店认证,上传身份证照片、手势照。等待淘宝验证,48小时内可以通过审核。点击图16的"立即认证",会出现两种认证方式,电脑认证和手机认证。

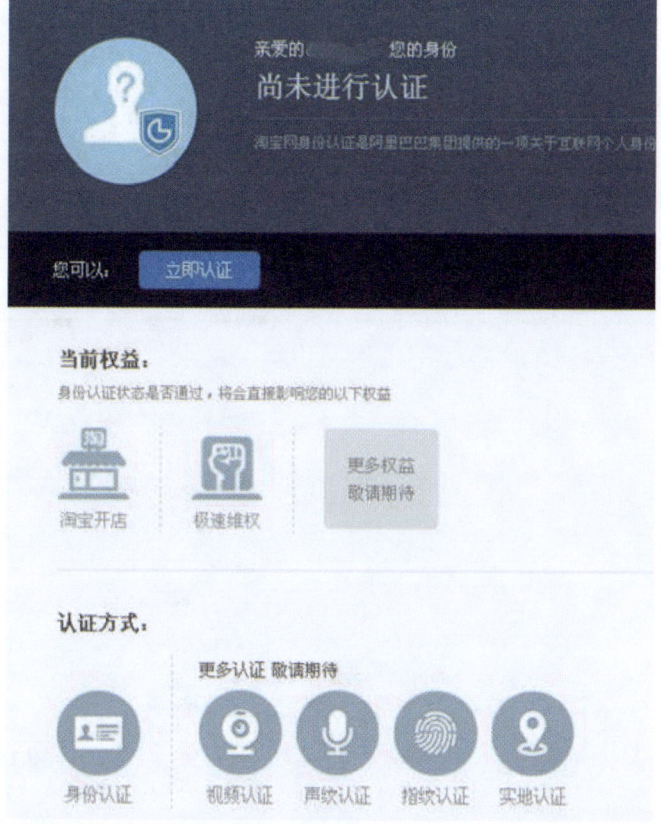

图 16

（1）电脑认证。

填写开店人的姓名、身份证号码、身份证到期时间，上传手持身份证照片，身份证的正面和反面，联系地址（可以是身份证上的地址，也可以是常住地址），电话号码，验证码是以语音播报的方式通知注册人。注意手持身份证照片拍摄的时候对焦必须是身份证，五官清晰可见，完全露出双手手臂，拍摄完成之后需要将图片放大，看身份证部分是否清晰可见，拍摄方法详见淘宝网（如图17、图18）。

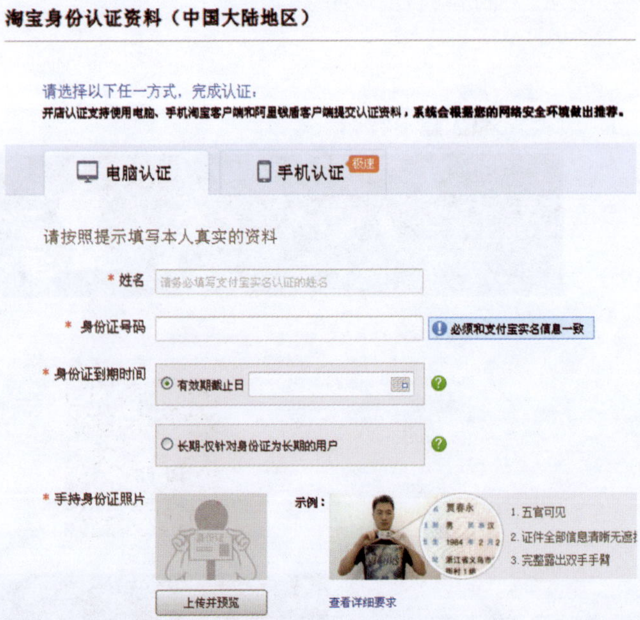

图17

图18

（2）手机认证。

不推荐手机认证，虽然验证方法比电脑认证简单，但是需要下载阿里钱盾手机客户端（30M），可能会使你的流量用完，建议没有WiFi的情况下尽量用电脑认证（如图19）。

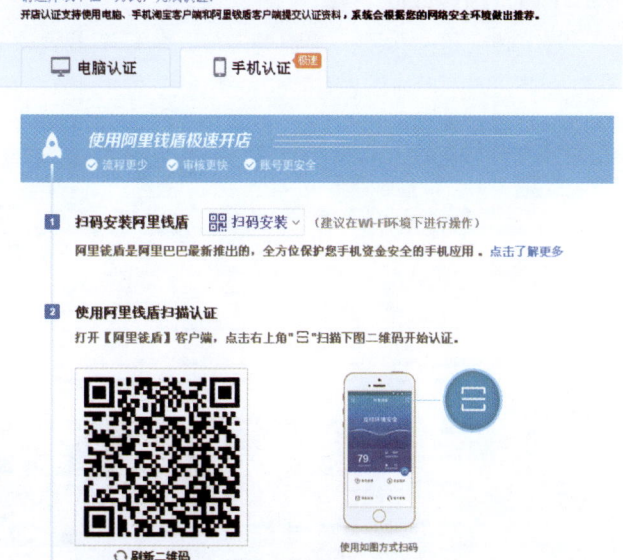

图19

实名认证、开店认证两项认证通过后，单击图20的创建店铺，简单的店铺就算开起来了。

图20

第1章　网店开设流程 | 11

## （四）阿里旺旺下载

阿里旺旺是买卖双方交流的工具，常规下载方法如下。打开淘宝网首页，在右上角处有"网站导航"链接，点击进入，点击"阿里旺旺"（如图21）。

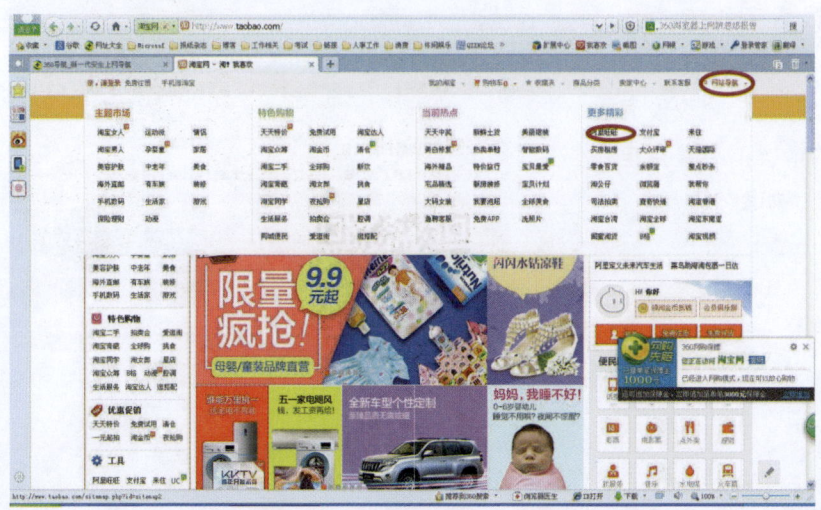

图 21

买家选择阿里旺旺，卖家选择千牛，单击进入下载页面（如图22）。

图 22

点击图23的"立刻下载",选择自己习惯用的下载工具下载(如图24)。

图23

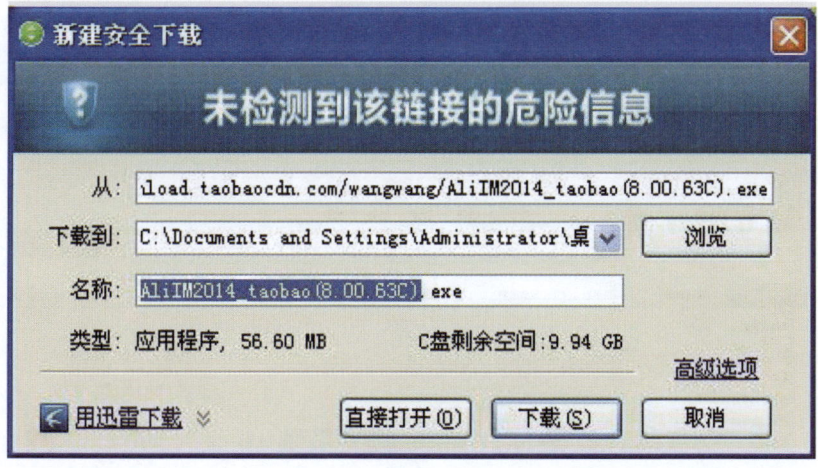

图24

## 三、店铺基本设置与店铺装修流程

登录账号后,点击"卖家中心"(如图25)。

图 25

进入卖家中心(如图26)

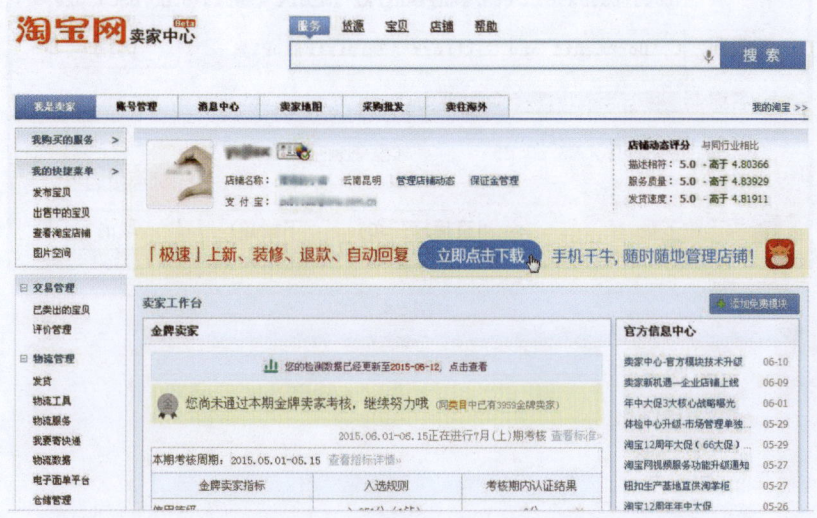

图 26

## （一）店铺基本设置

点击"店铺管理"子菜单中的"店铺基本设置"（如图27），填写店铺名称。店铺名称自己取，店铺标志的制作见以后的章节。店铺简介、经营类型包括个人全职、个人兼职、公司开店，请根据自己的情况来选择。联系地址，可以是身份证上的地址，也可以常住地址。店铺介绍，对店铺的经营方向做一个介绍，可以插入文字、图片、超链接等。

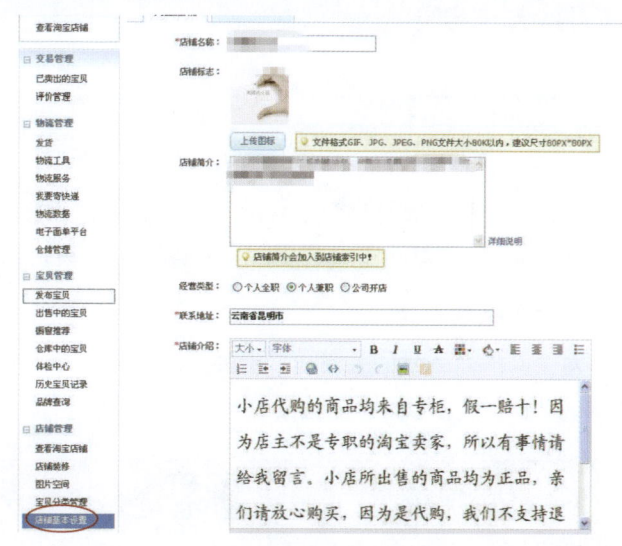

图 27

## （二）店铺装修流程

点击店铺管理子菜单中的"店铺装修"（如图28）。淘宝已经为卖家搭好了店铺各个模块，采用拖拉的方式就可以优化各个模块。

图 28

## 四、发布宝贝

出售的宝贝有两种形式，全新商品和个人闲置品。

### （一）个人闲置品

个人闲置品一般是指二手商品的销售，我们可以将自己不需要的商品，闲置的商品放在淘宝上来卖。这种售卖方式不需要缴纳保证金。

### （二）全新商品

对全新的商品我们采用一口价的方式发布。对于发布的全新商品，大部分商品需要缴纳保证金，保证金的金额如下：

| 类目 | 保证金金额 | 类目 | 保证金金额 |
| --- | --- | --- | --- |
| 度假线路/签证送关/旅游服务 | 1000 | 影音电器 | 1000 |
| 景点门票/实景演出/主题公园 | 1000 | 电子词典/电子书/文化用品 | 1000 |
| 特价酒店/特色客栈/公寓旅馆 | 1000 | 生活电器 | 1000 |
| 手机号码/套餐/增值业务 | 1000 | 电玩/配件/游戏/攻略 | 1000 |
| 网店/网络服务/软件 | 1000 | 彩妆/香水/美妆工具 | 1000 |
| 网游装备/游戏币/账号/代练 | 1000 | 笔记本电脑 | 1000 |
| 手机 | 10000 | 美容护肤/美体/精油 | 1000 |
| 台式机/一体机/服务器 | 1000 | 美发护发/假发 | 1000 |
| 电脑硬件/显示器/电脑周边 | 1000 | 电玩/配件/游戏/攻略 | 1000 |
| MP3/MP4/iPod/录音笔 | 1000 | 3G 数码配件 | 1000 |
| 个人护理/保健/按摩器材 | 1000 | 数码相机/单反相机/摄像机 | 1000 |
| 办公设备/耗材/相关服务 | 1000 | 腾讯QQ专区 | 1000 |
| 厨房电器 | 1000 | 网络游戏点卡 | 1000 |
| 大家电 | 1000 | 移动/联通/电信充值中心 | 1000 |
| 宠物/宠物食品及狗狗用品 | 1000 | 床上用品/布艺软饰 | 1000 |
| 宠物/宠物食品及猫咪用品 | 1000 | 玩具/模型/动漫/早教/益智 | 1000 |
| 闪存卡/U盘/存储/移动硬盘 | 1000 | 童装/童鞋/亲子装 | 1000 |
| 网络设备/网络相关 | 1000 | 零食/坚果/特产 | 1000 |
| 音乐/影视/明星/音像 | 1000 | 家装主材 | 1000 |
| 平板电脑/MID | 1000 | 电影/演出/体育赛事 | 1000 |
| 书籍/杂志/报纸 | 1000 | 本地化生活服务 | 1000 |
| 国货精品数码 | 1000 | 奶粉/辅食/营养品/零食 | 1000 |

## （三）发布宝贝的操作步骤

### 1. 发布宝贝的操作

点击图29中宝贝管理类目下的"发布宝贝"，就可以发布宝贝了。

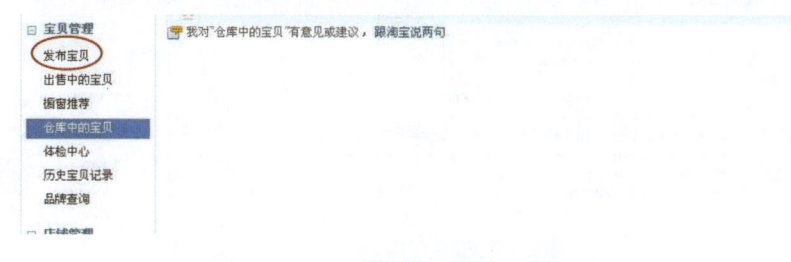

图29

### 2. 搜索类目

在图30的类目搜索处输入需要发布的宝贝信息，单击快速找到类目。

图30

下面以食品"方便面"为例来发布商品。在类目搜索处搜索"方便面"，就会有符合的类目列出，选择合适的类目，点击"我已阅读以下规则，现在发布宝贝"（如图31）。

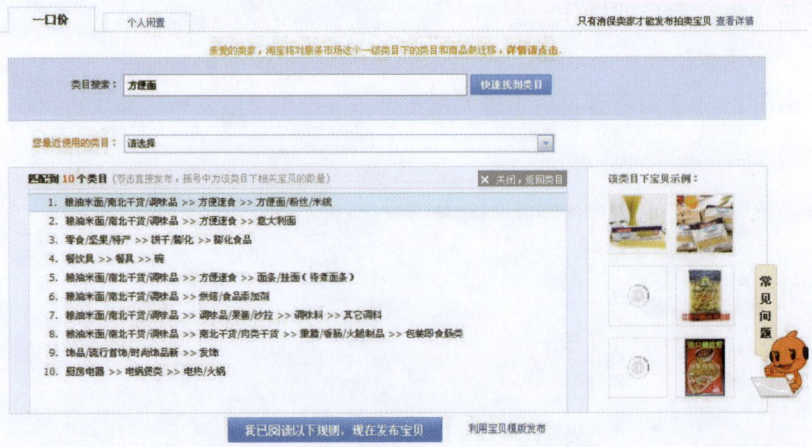

图 31

  输入宝贝基本信息。注意带有红色＊的项目是必须填写的项目，带有蓝色＊的项目是选填项目，没有＊的部分是可填可不填项目。宝贝标题是非常重要的一部分，别人通过宝贝标题就可以搜索到你的商品、店铺。宝贝卖点出现在宝贝标题之下，这个部分属于选填部分。价格，就是商品的销售价格，淘宝对各类商品价格有不同的限制。宝贝数量就是你的库存数量，需要控制好库存数量，以便资金的回笼（如图 32）。

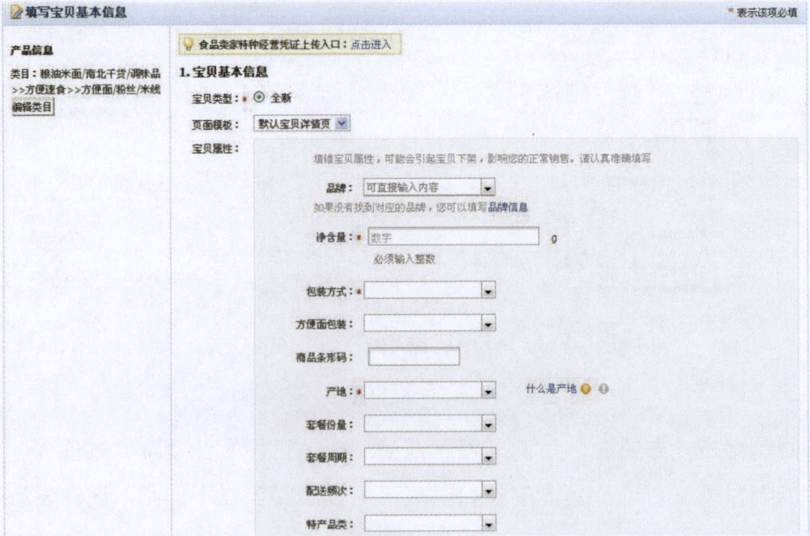

图 32

宝贝物流及安装服务。此处需要设置运费模板，运费根据你和合作快递的价格来定（如图33）。

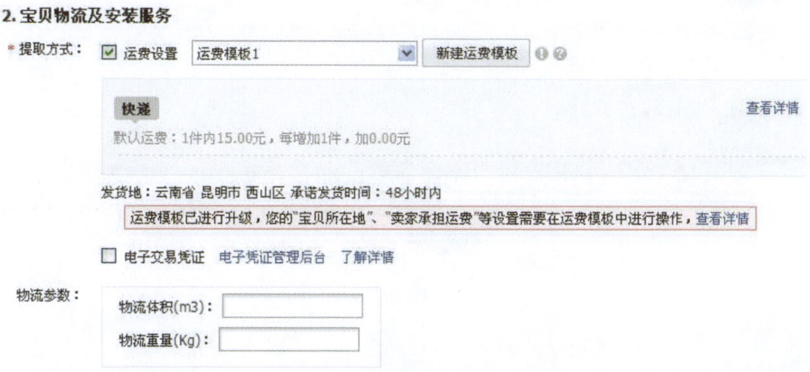

图 33

售后保障信息，包括是否有发票，是否保修、退换货承诺、服务保障等（如图34）。

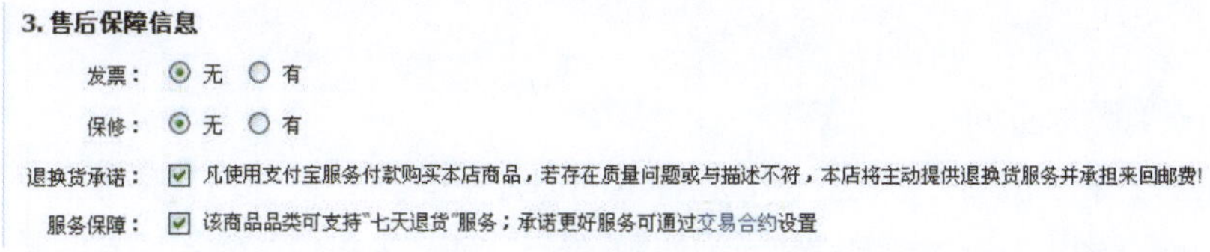

图 34

其他信息，包括会员打折，库存计数的方法（拍下减库存、付款减库存），有效期，开始时间（立刻，设定，放入仓库）等（如图35）。

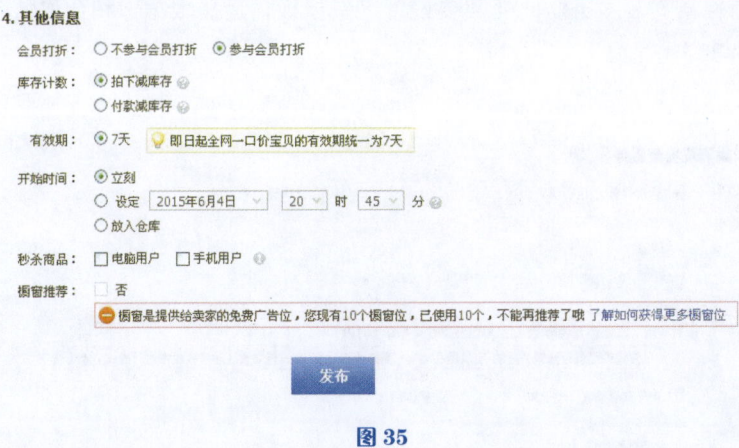

图 35

将以上内容填写完之后，点击"发布"，商品就可以上架销售了。以后的宝贝发布就是重复以上的过程。在宝贝发布过程中，注意不要将宝贝的类别放错，如果类别放错，淘宝会给警告甚至扣分，如果 48 分被扣完，店铺将被永久关闭。相关的扣分规则详见淘宝网 http://rule.taobao.com/。

## 五、店铺常用功能介绍

### （一）图片空间

淘宝为每一个卖家免费提供 20G 容量的图片空间。默认模式下有两个文件夹，一个是宝贝图片，一个是店铺装修（如图 36）。可以将店铺装修的所有图片上传到店铺装修文件夹，将销售的商品上传到宝贝图片文件夹。也可以根据自己的习惯，建立其他文件夹。

图 36

## （二）橱窗推荐

橱窗推荐位是淘宝卖家的特色功能，是淘宝提供给卖家展示/推荐宝贝的位置之一（如图37）。合理利用这些橱窗推荐位，将大大提高你的宝贝点击率。淘宝为每一个新手卖家免费提供十个橱窗，如果需要扩大橱窗数，需要缴纳一定的费用，详细费用见淘宝网。

图 37

## （三）宝贝分类管理

将自己店里的宝贝进行分类，有助于卖家管理店铺。买家进入店铺的时候，方便查找所需商品。每一个分类下面，还可以添加子分类以及分类图片（如图38）。例如：上衣是分类，下面可以添加子分类外套、T恤、毛衣等。

图 38

## 六、结 语

　　以上是淘宝开店过程中经常用到的模块。在实际的操作中，还会有更多的模块需要学习，操作平台的模块也会有更新，还需要大家多多学习。

　　淘宝开店看似简单，实际做起来会遇到很多困难。淘宝大学提供给我们更大的学习空间，里面有买家、卖家的交流，真实的案例可以让新手卖家少走弯路，愿所有的卖家在淘宝这个平台上走得更好、更远。

随着网店越来越多地普及到人们生活中,人们对商品图片的需求越来越大,标准越来越高。商品摄影环节成为网店开设中不可或缺的重要组成部分,本章重点介绍摄影投资和摄影技巧,为网店店主解决商品拍摄的各类问题。

# 第2章 商品摄影

## 一、商品拍摄的投资方式

目前电商的拍摄投资途径有以下三种:自建、外包和部分合作。网店店主需要根据网店的资金投入、商品种类、拍摄数量等情况综合进行选择。

### (一)自建

自建的项目包括:摄影场地、摄影器材、摄影工作人员三个方面。

#### 1. 摄影场地(摄影棚)

如果网店经营的商品属于大件物品(如服装等需要模特以及以上高度的品类),则需要选择相对独立的大型摄影场所,可以自己租面积较大的场地进行装修(如图1)。在装

图 1　大型摄影棚

修的时候提前对拍摄准备区、更衣室、化妆区、拍摄区域及卫生间进行功能划分,以保证互不影响。

如果网店经营的商品种类多以小件为主，场地的选择就随意得多，家里的书房或者简单的区域隔断都能满足。一张宽大的桌子加一个摄影棚就可以了，市场上有很多品牌的小商品摄影棚就是为这类网店店主的需求而设计的（如图2）。

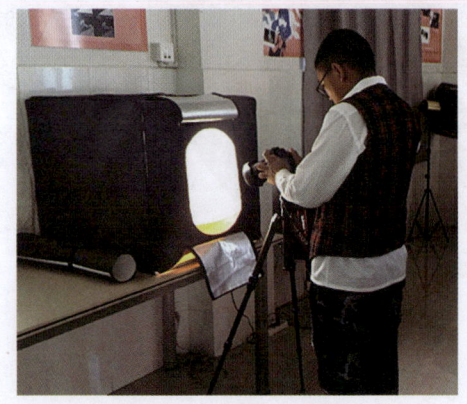

图2　小商品摄影棚

2.摄影器材

（1）灯具。大型摄影棚需要专业的灯具套装为拍摄服务，灯具的品牌尽量选择品质较好的品牌。不同的灯具，价格相差很大，根据需求应从寿命、色温输出和拍摄速度三个方面选择购买（如图3）。

图3　摄影灯具

（2）相机。淘宝网对商品图片的要求为：500×500像素（一般最大不超过1024像素），大小在120KB以内，要求JPG或GIF格式。可见，网店商品图片对相机的像素并没有太高的要求，300万—500万像素左右的相机即可胜任（普通卡片机甚至手机都可以）。但为了确保图像、画面清晰、对焦准确而且色差少，建议使用高端卡片机或者单反相机（如图4）。

图 4　单反机和卡片机

高端卡片机采用固定镜头，大多为性能出色的高品质大光圈定焦镜头，有着较好的成像素质。价格定位比普通卡片机高，但低于单反相机，并且不需要考虑镜头更换。同时，普通拍摄模式下，照片的质量优于普通卡片机，基本接近单反相机。推荐产品：佳能 G16（如图 5）、松下 DMC-LX7GK、富士 XQ2 等。

图 5　佳能 G16

单反相机成像质量好，可更换各种广角、变焦及定焦镜头，通过对快门、光圈等参数的设置，可以拥有多种拍摄模式，以应对不同场景的拍摄需要。单反相机的起步价较高，较卡片机相比增加了镜头的单独开支，操作也较为复杂，但是成像质量很好。作为网店一般性的拍摄，入门级单反相机是正确的选择。就目前中国单反相机的消费市场来看，主要被佳能和尼康两大公司占据，考虑到相机的维护、镜头的通用，尽量在这两个品牌中选择。推荐产品：佳能 700D（如图 6）、尼康 D5300。

图 6　佳能 700D

（3）镜头及闪光灯。一部单反相机配一个镜头是不够用的，通常一部单反相机搭配 2—4 个镜头，以涵盖定焦、变焦及大光圈的范围。原则上是够用就好，不需要追求高端或者全面。闪光灯是一种补光设备，它可以保证在昏暗情况下拍摄画面的清晰明亮，在户外拍摄时候，闪光灯还可用作辅助光源，用以强调皮肤的色调。还可以根据摄影师的要求布置特殊效果（如图 7）。

图7 镜头和闪光灯

（4）电脑。这里所说的电脑，是针对于网店规模较大，图片数量巨大的图片处理专用电脑，小规模的网店就不需要单独购买。图片处理对电脑的显卡、屏幕、内存等各方面的配置要求很高，选择低配置的电脑，会在使用过程中出现卡顿、速度慢等问题，大大降低了图片处理速度和质量。

（5）背景纸。摄影棚基本以纯白色调为主，为的就是方便更换不同背景的颜色，根据被拍摄商品的颜色选择与之色差较大颜色的背景纸，包括有场景的背景纸、纯色背景纸（如图8）、各种背景板和窗帘等，可以根据需求进行采购。

图8 纯色背景纸

（6）其他道具。包括柔光罩、快门线、引闪器、电风扇、测光表、反光板和相机脚架（如图9）等。这些都是拍摄过程中提升拍摄效率的有用工具，建议都能一一采购。

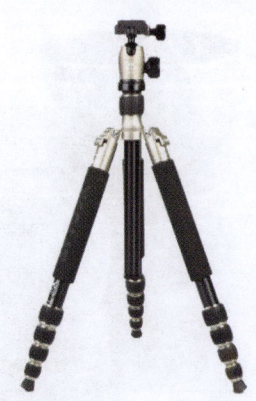

图 9　反光板和相机脚架

### 3.工作人员

一张漂亮图片的产生与摄影过程是否完整有莫大的关系，完整的摄影过程包括前期准备、拍摄、后期处理，这就需要一个团队来协作完成。摄影师、造型师和修片师是最基本的人员构成。网店开设初期由于上架商品、订单跟踪和售后服务的压力不大，因此，通常是店主一人兼顾。但如果网店走入正轨，订单数量和商品种类增加，就需要单独的摄影团队。

摄影师是摄影团队的灵魂，合格的摄影师可兼具拍照、造型及后期修图等工作，但是投入的时间和精力也是巨大的。为了保证出片的效率，就需要造型师负责拍摄场景布置和拍摄对象的美化。还需要修片师对照片统一进行美化和修改。需要注意的是，以上团队的人员构成尽量以摄影师的需求为中心，否则出现沟通障碍或者无法合作的问题，会直接影响到网店管理。

以上各项，需要我们根据自己的拍摄品类、拍摄节奏、拍摄数量等进行一一分析，综合的财务核算来进行采购与布置。

### （二）外包

顾名思义，外包就是有关商品摄影的环节全部由独立的摄影工作室完成，网店店主支付相关费用的模式。外包的优点在于把网店经营过程中最繁琐的部分转包出去，降低网店经营的难度，商品上架速度快，更新周期短。缺点在于商品图片难以达到店主的预期效果，限制网店经营特色的打造，从长远看，资金投入远高于自建摄影棚。因此，全部外包需要注意：

1. 网店实际需求

包含拍摄产品数量、每款商品的拍摄图片数、是否需要模特和特定场地，出片的时间控制等。

2. 外包公司的报价和与之相对应的套餐种类

随着网店经营的分工越来越细致，许多摄影工作室都会根据网店经营者的实际需求制定出种类繁多的套餐，经营者可根据自己的需求针对性的选择，以便节约开支。

3. 签订协议及付款方式

摄影外包的内容通过双方协商，尽量写在协议里，并说明付款模式。

### （三）部分合作

部分合作即网店经营者希望自建影棚，但又觉得建棚费用高，或者在自建的早期资金不够的情况下，自建摄影团队，租用摄影器材及场地的方式。

以上三种拍摄模式，经营者应该根据自己的运转周期、拍摄品类、资金情况等进行整体核算，最终选取最合适自己的方案。

## 二、相机知识

### （一）光圈、快门和感光度

1. 光圈

镜头内，口径可变的圆形通光孔称为光圈。光圈在机身上通常以 f 来表示，比如 f1.4，f8，f16。我们把它们称为光圈值，简称光圈。数字越大，光圈越小。光圈大小，决定单位时间通光量的多少。f 值越大，通光越多（如图10）。

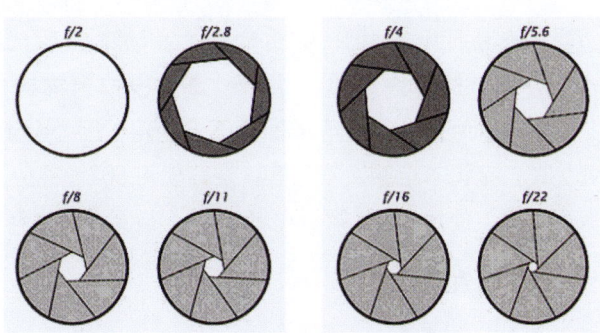

图10　光圈大小示意图

2. 快门

快门是摄像器材中用来控制光线照射感光元件时间的装置。快门速度单位是"秒"，通常用 s 表示，例如 1s、1/200s、1/8000s 等。曝光时间越短光，线进入相机越少，照片越暗（如图11）。

图 11　不同快门速度对比

### 3. 感光度

ISO 感光度：指的是感光元件的感光能力，数值从 50—12500 不等。感光度越高，感光元件的感光能力越强。在同样的光圈快门条件下，感光度越高，画面越亮。但是高 ISO 放大后，图像噪点大，不能精细出图，高 ISO 在万不得已的时候才用（如图 12）。

图 12　不同 ISO 感光度对比

## （二）镜头

卡片机无法更换镜头，因而只能调整焦段，拍摄体积较小的静物时用长焦段，若需要拍摄细节，则把相机模式调整为"微距"模式。

对于更换镜头的单反相机，要看被拍摄物的大小，中、大型的产品可选择 18mm—55mm 镜头，广角端最好不要使用，因为会造成被拍摄物变形。中等大小的物体，如笔记本电脑、箱包等，推荐使用 50mm 镜头。小产品，如珠宝饰品、化妆品等，则建议使用 60mm 微距或者 100mm 微距镜头进行拍摄。

## （三）拍摄模式

### 1. 模式转盘

模式转盘是数码相机上用于改变拍摄模式的一个装置（如图 13）。

模式转盘上的模式因相机型号、生产厂家的不同而存在差异，但是基本上都含有以下几种常见模式：

（1）自动模式。包含人像、夜间人像、风光、微距、运动；

图 13　模式转盘

（2）手动模式包含有手动曝光，程序自动曝光，快门优先，光圈优先。不同的模式档位名称对应（如图14）。

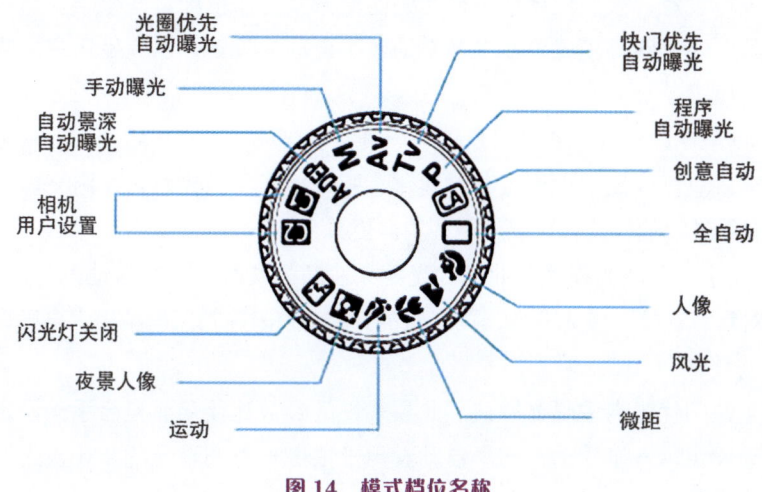

图14　模式档位名称

2. 模式转盘详解

（1）全自动模式，可用于各类型场景。数码相机根据环境自动进行设置，操作者只要按快门就可以。

（2）人像模式，适用于人物的拍摄。数码相机会适度放大光圈口径，使背景虚化，肤色柔和。如果光线不足，数码相机会自动启用闪光灯，并开启减轻红眼的功能。

（3）风光模式，强制不闪光，适用于拍摄自然景观。数码相机会自动缩小光圈口径，使景深更长。

（4）微距模式，适用于近距离拍摄商品细节，数码相机自动放大光圈口径，使背景虚化，突出主体，通常会自动开启闪光灯。

（5）运动模式，数码相机会尽可能减少曝光时间，适度提高传感器的灵敏度ISO。有的相机会启用连续拍摄功能，一按快门，连续拍摄几张，适用于对运动物体的拍摄。

（6）夜景模式，通常数码相机会延长曝光时间并开启后帘同步闪光功能。此模式下最好使用三脚架。

（7）闪光灯关闭，此模式下除了闪光灯不会闪光以外，一切和全自动一样。如果光照不足，照相机会自动放大光圈、延长快门开启时间或者提高传感器的灵敏度 ISO 来补偿。

上面这七种模式，数码相机一步到位，自动对快门、光圈、ISO、闪光灯、白平衡等功能进行设置，按照机器认为最佳的匹配方案为您搭配这些数据。用户完全不必操心。后面还有四种模式，提供全手动或半自动的设置，以满足用户拍摄具有自己特色的照片。

（8）创意自动模式。此模式是基于场景智能自动，又能一定程度反映拍摄者意图的拍摄模式。可以简单地设置背景虚化、驱动模式和闪光灯是否闪光等，是比全自动模式有所进阶的模式，可以把照片拍得更具个性。

（9）程序自动曝光模式。此模式光圈和快门的参数由相机自动设置，ISO 感光值、自动对焦点选择、曝光补偿、闪光灯的开启/关闭等功能有拍摄者自己设定，多用于抓拍。

（10）快门优先自动曝光模式。此模式快门参数让使用者自己手动设定，光圈由相机自动设定，一半手动，一半自动。用于拍摄长时间曝光的夜景，或者速度特别快的运动场面。

（11）光圈优先自动曝光模式，摄影师最常用的模式。这个模式由摄影者手动设定光圈值，而由相机自动设定快门值。多用于拍摄人像背景虚化，以制造突出人物的效果，或者在拍摄风景时加深景深，以使照片的远近都清晰的情况。

（12）手动曝光模式，也叫全手动模式。此模式是最难操作、但拍摄最自由的模式。相机的所有参数都由拍摄者自己设定，适合于有一定摄影基础的用户使用，由于这个模式需要对相机的光圈、快门、ISO 值等都进行正确的调整，才能拍出曝光正确的照片。没有一定摄影基础的朋友最好不要使用，而且全手动模式的操作比较慢，不太适合需要抓拍的情况。

（13）自动景深曝光模式。这个模式主要用于自动获得较近主体和较远主体之间的大景深，用来拍摄合影和风光。对焦时，相机会使用几个自动对焦点检测要对焦的最近和最远主体。自动确定光圈，保证成影在景深内。

（14）相机用户设置模式，C 是"Custom"的意思，是用来保存设置的，包括指定的拍照模式、光圈值、快门速度、感光度、对焦模式、测光模式、色彩风格等。保存在"Custom"档里面的用处，是可以在工作中方便快捷地调出所需的参数，防止多种用途下来不及切换状态，或者避免被他人操作时改变了自己没注意到的重要参数。

要注意的是相机转盘模式没有统一的行业标准，要以各厂家的使用手册所介绍的功能为依据。

### (四) 拍摄参数

#### 1. 光圈的调整

光圈的大小决定了景深的深浅。在其他参数设置不变的情况下，光圈值越小景深就越浅，画面的背景就越模糊；光圈值越大，景深就越深，画面的背景就越清晰。为了将产品表现清晰，光圈值控制在 f8 以上为佳。

#### 2. 数码相机中的 ISO

ISO 是感光元件对光线的敏感程度，ISO 数字越大对光线越敏感，画面越亮，同时画面噪点也会增加；反之，则画面暗淡，在光线亮度保证的情况下，用低 ISO50 或者 ISO100 拍摄，画面会更细腻。

#### 3. 设置快门速度

选择了合适的光圈值和 ISO，在光线不变的情况下，设置合适的快门速度，才能得到曝光准确的商品照片。用闪光灯的话，常用 1/125 秒，常亮灯因瓦数的不同，可考虑 1/60 秒左右进行调节试拍得到正确曝光。

#### 4. 白平衡的调节

图片受周边环境颜色的影响会出现色偏，调整合适的白平衡参数能够还原真实的物品色彩。晴天的色温约为 10000 K，阴天约为 7000-9000 K，晴天日光直射下的色温约为 5600K，荧光灯的色温约为 4700 K，碘钨灯的色温约为 3200k，钨丝灯的色温约为 2600 K，日出或日落时的色温约为 2000 K，烛光下的色温约为 1000K 白平衡的各种效果 ( 如图 15)。

#### 5. 照片格式的选择

建议使用 RAW 格式拍摄，这样，如果前期实在无法准确调节色温也可以通过后期做精确修改。卡片机无法选择 RAW 模式，这里仅针对于单反相机。

图 15　白平衡对比图

## 三、拍摄过程

### (一) 基本技巧

#### 1. 相机一定要保持稳定

这一点非常重要,三脚架的使用可以很好地解决此问题。摄影初学者经常遇到图像模糊的问题,这是由相机的晃动引起的。在拍摄中避免相机的晃动首先要保证身体放松,双手握住相机,将肘抵住胸膛,或者是靠着一个稳定的物体(如图16)。如果手持相机无法保证图片清晰,就必须选择使用三脚架。

图16　正确的相机握举姿势

#### 2. 照片样式

相机不同的握举方式,拍摄出来的图像的效果就会不同。通常都是竖举和横举相机。竖拍的照片可以强调商品的高度,而横举则强调商品的宽度。当然也可以使用对角线等多种方法。

#### 3. 拍摄距离

相对于远距离拍摄商品,较近距离的拍摄可以得到比远距离拍摄更好的效果。某些时候不需要把商品整个摄入入镜头,对商品的某个具有特色的地方进行特定拍摄,反而会创造出具有强烈视觉冲击力的图像出来。

4. 正确的构图

对于摄影入门者来讲，学习构图远比学习拍摄参数重要，好的构图能够弥补拍摄参数设定的不足。比较常见的构图就有三点规则。画面被分为三个部分（水平和垂直），然后将被摄物体置于线上或是交汇处。所以不妨用用三点规则来拍摄一下你的宝贝。

5. 使用参照物

选择日常生活中常见的物品，通过对比，可以显示出宝贝的大小。例如一元的硬币、香烟盒、手机等（如图17）。

图17　参照对比

（二）背景选择

小件物品可以选择不同颜色的背景布、卡纸等作为背景，首饰或者工艺品可以借助棉、麻、绸缎等物体突出质感。如果是大件物品的室内拍摄，白色的背景就是最好的选择。

商品是浅色的，应该放置在深色背景上拍摄，可以更好地突出主体，使之轮廓清晰，容易辨认（如图18）。反之就没有对比，不能引起大家的注意。

图18

（三）光线运用

1. 自然光照明

对于可以搬到室外的大件商品，在晴朗的日子非阳光直射的时间拍摄效果还是非常不错的。特别是毛绒玩具或者服装。但如果希望拍摄的物体光线针对性更强，更立体和有质感的话，还是需要室内布光。

### 2. 人造光照明

最简易是家用的台灯，使用两个色温一样的灯泡，以避免拍摄的产品因色温不同而影响拍摄效果。如果需要更好的效果，大件商品的拍摄可以考虑购买摄影灯套装；小件商品的拍摄可以考虑购买带LED的柔光箱。

### 3. 拍摄粗糙表面商品

皮毛、棉麻制品、雕刻等，为了表现好它们的质感，在光线的使用上，应采用侧光照明，这样能表现出商品材质明暗起伏的结构变化。

### 4. 拍摄光滑表面商品

金银饰品、瓷器、漆器等，它们的表面结构光滑，具有强烈反射能力，直射灯光到这种商品表面，会产生强烈的光线改变。所以拍摄这类商品，一是要采用柔和的散射光线进行照明，二是可以采取间接照明的方法。

### 5. 拍摄透明商品

玻璃制品、水晶、玉石等透明商品的拍摄一般都采用侧光或底部光进行照明，可以很好地表现出商品透明的质感。

## （四）拍摄时有用的小物件

### 1. 白手套

对于贵重物品可以防止汗液损坏商品，而对于光滑的商品可避免指纹的遗留。

### 2. 气吹

拍摄光滑或透明产品的特写时，产品表面有很多毛絮，气吹可以吹走毛絮，美化商品。

### 3. 橡皮泥、双面胶和热熔枪

三种工具都可以起到固定商品，方便拍摄角度的作用。

### 4. 喷水壶

拍摄水果、玻璃器皿等可适当均匀喷水，使其看上去晶莹剔透，突出新鲜或产品特征。

## 四、结　语

商品拍摄的学习应该打好基础，循序渐进，不可一味追求速成或走捷径。无论作为摄影师、造型师还是修片师，都要通过长期练习，总结经验才能胜任岗位要求。本章仅作基础知识介绍，需要经常进行实践操作方能真正掌握。

顾客的体验和印象是网店设计的第一要素,一个网店必须要有统一的基调和风格,整齐的规划和明确的色彩表现,网店所呈现出来的效果要尽量做到用心、简洁、清晰、轻松,让进店的顾客第一时间就明确知道网店的定位。本章主要介绍在网店设计中比较重要的几个模块。

# 第3章 网店设计

## 一、图片处理

商品拍摄好以后,图片经过一定的处理再发布到店铺里效果会比较好,进行图片处理的软件有很多,如 Adobe Photoshop、Adobe Illustrator 和美图秀秀等,这里,我们以 Adobe Photoshop 为例作示范。

### (一)图片处理的操作步骤

1. 打开图片

在 Adobe Photoshop 中打开要修整的图片(如图 1)

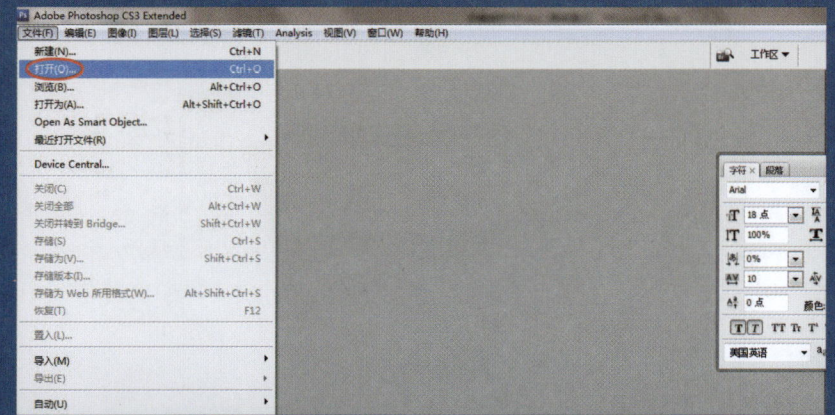

图 1

2.打开"亮度/对比度"

选择"图像"——"调整"——"亮度/对比度"（如图2）。

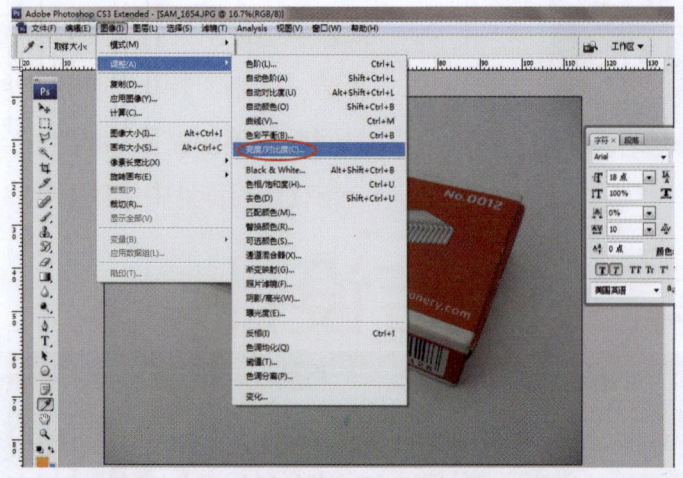

图 2

3.调整"亮度/对比度"

在对话框中拖动光标调整亮度和对比度（如图3），图中数值只作为参考，实际操作中根据需要可自行增减数值。

图 3

### 4.用减淡工具进行背景修整

选择"减淡工具",调整该工具的相关数值,范围调为"高光",曝光度调为"50%"(如图4)。

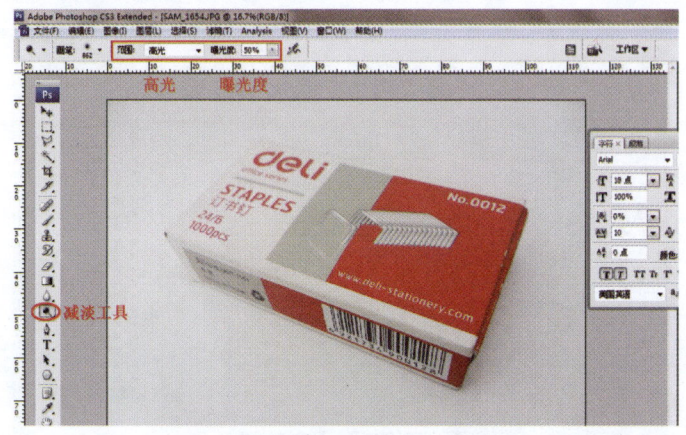

图 4

### 5.修整背景要注意的问题

在除物品外的区域使用"减淡工具"(如图5),注意不要涂抹到物品上,以免造成物品的色差。减淡工具的画笔尺寸可以调大一些,这样处理起来会更完美,也比较快速,碰到有细小缝隙的地方,需要减小画笔尺寸。

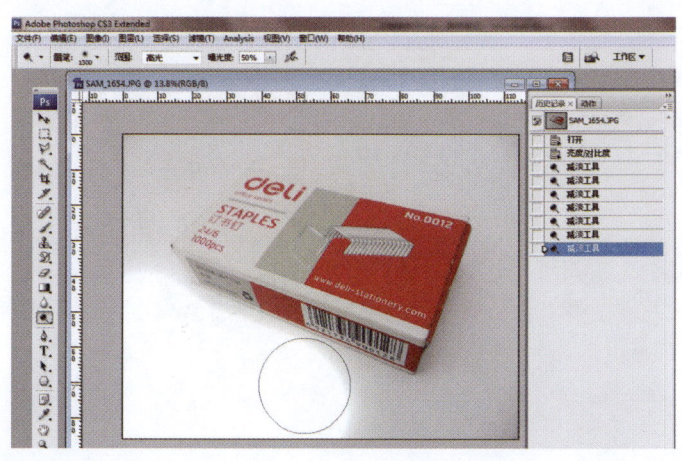

图 5

### 6. 二次修整

涂抹完毕后，如果觉得物品太暗可以再次提亮图片，选择"图像"——"调整"——"亮度/对比度"，增加亮度（如图6）。

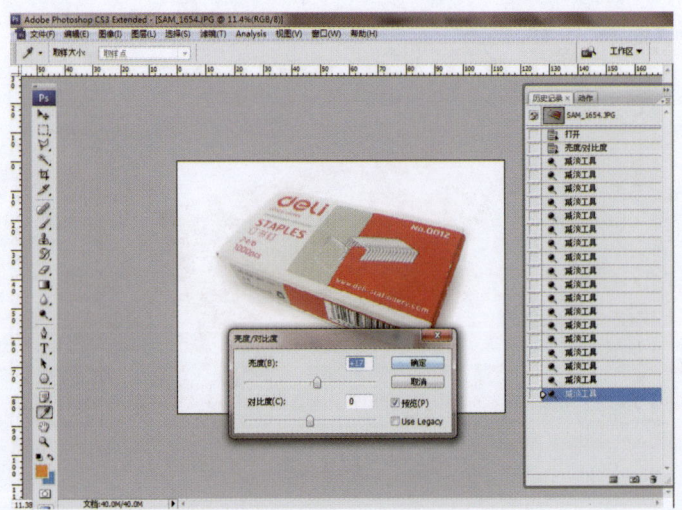

图 6

### 7. 修整好的效果（如图7）

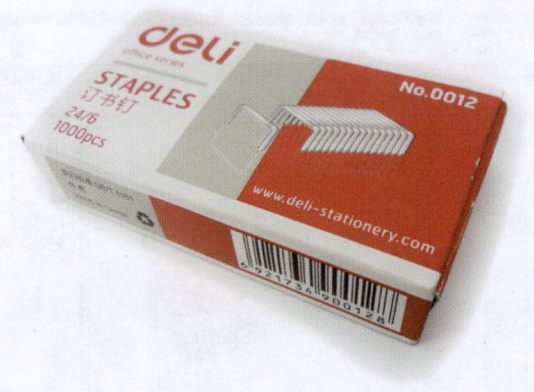

图 7

## （二）图片的存储

### 1. 图片大小的调整

将图片大小调整到可以上传的范围，选择"图像"——"图像大小"（如图8）。

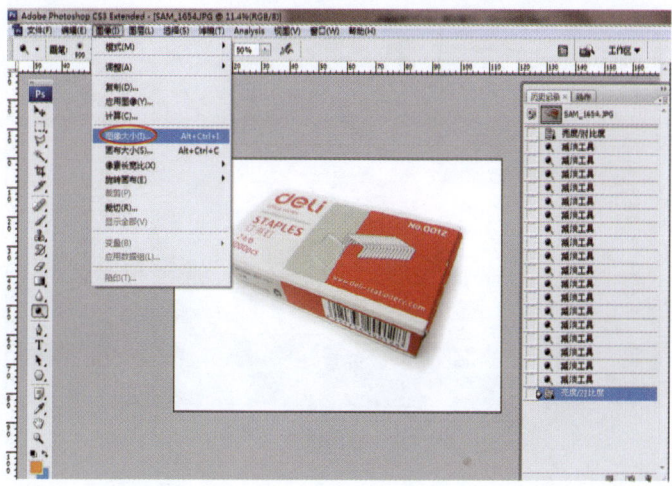

图8

### 2. 输入数值

依图内所示进行调整后点击"确定"（如图9）。

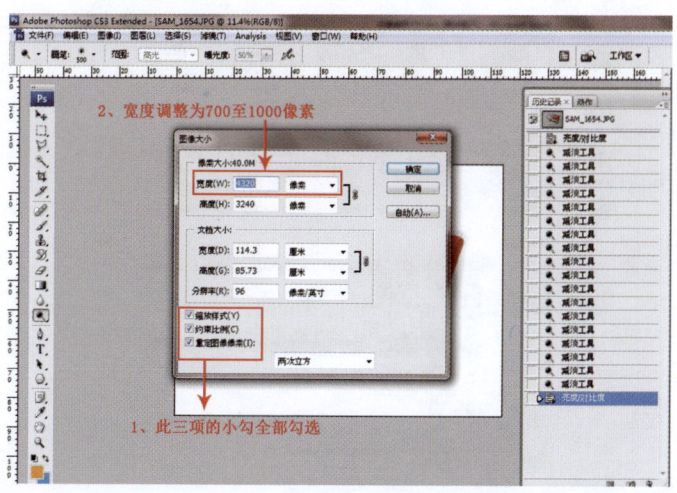

图9

### 3. 存储文件

存储文件，选择"文件"——"存储为"（如图10）。

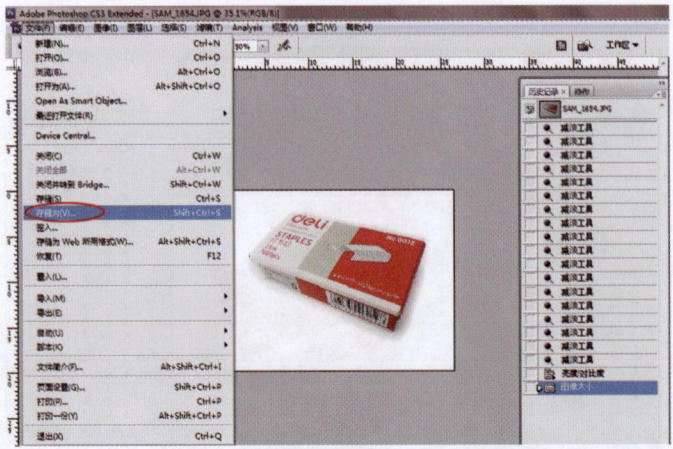

图 10

### 4. 文件存储格式

存储为 JPEG 格式（如图11）。

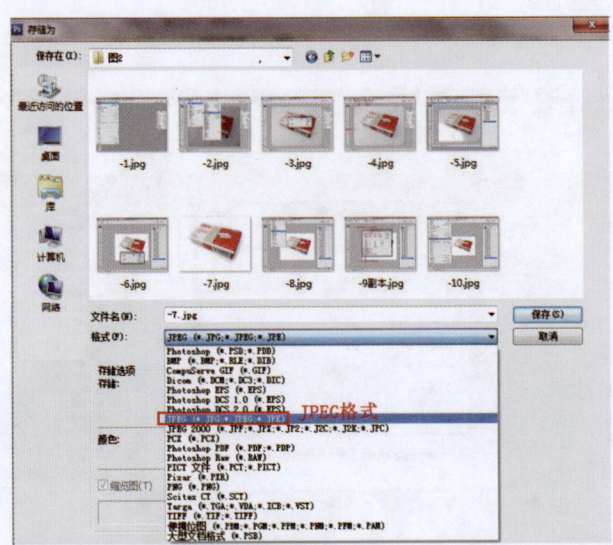

图 11

## 二、店铺装修基本设置

### （一）店铺页面编辑

1. 进入"卖家中心"

在店铺管理选项中选择"店铺装修"，进入店铺装修的页面编辑（如图12）。

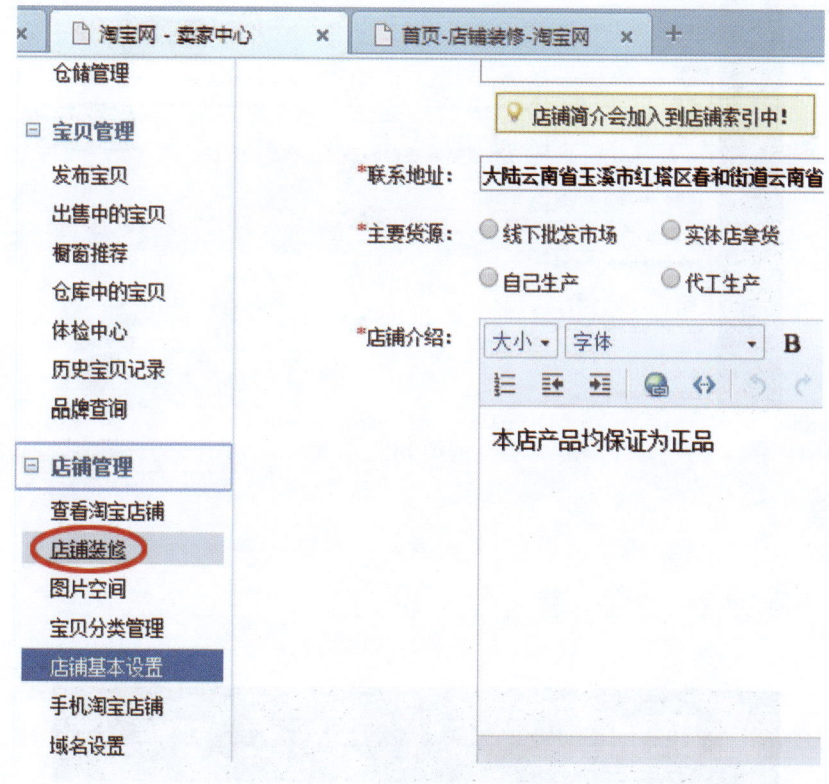

图12

2.模块

网店的首页由很多模块组成,每个模块可添加不同的内容,根据需要选择合适的模块进行添加(选择所需模块,拖动至相应区域即可(如图13)),添加好后通过上移下移来调整。模块不是越多越好,布局要合理,太多会显得杂乱。

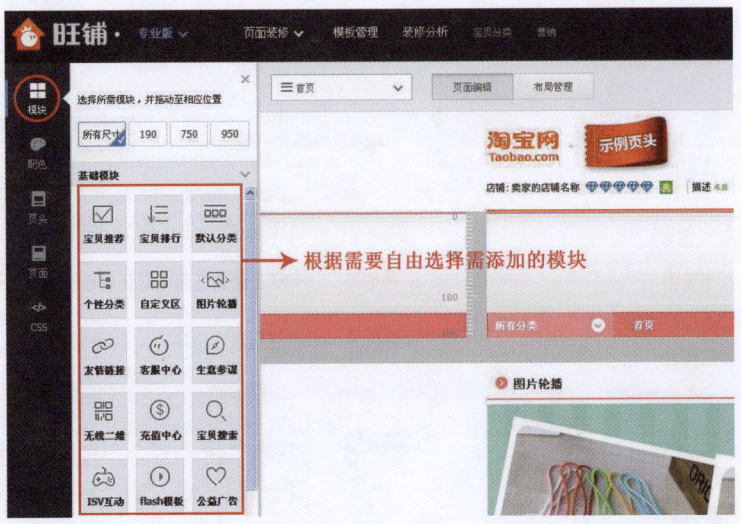

图13

3.配色

针对店铺的风格和类型,选择适合的色彩方案(如图14)。

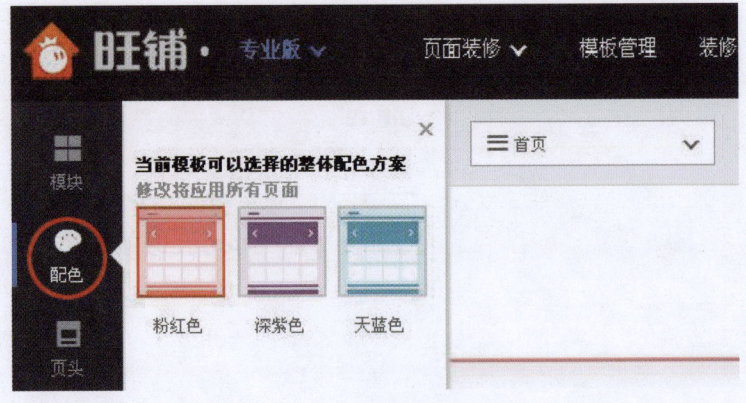

图14

4.页头及页面的背景色设置

可选择纯色的颜色填充，也可使用图片进行填充（如图15）。

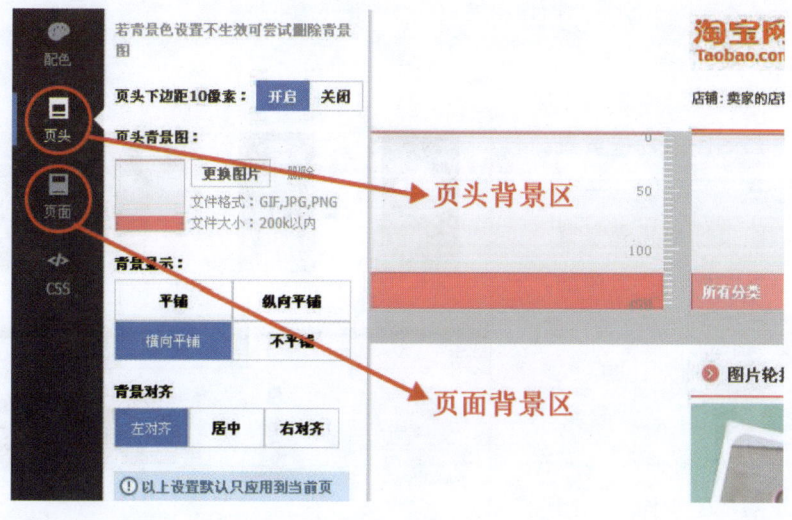

图 15

（二）店铺布局管理

布局管理可以对店铺首页的整体结构、各个模块进行规划、调整和修改。布局编辑完成后，单击"保存"即可，然后进入相关页面，可对模块进行编辑（如图16）。

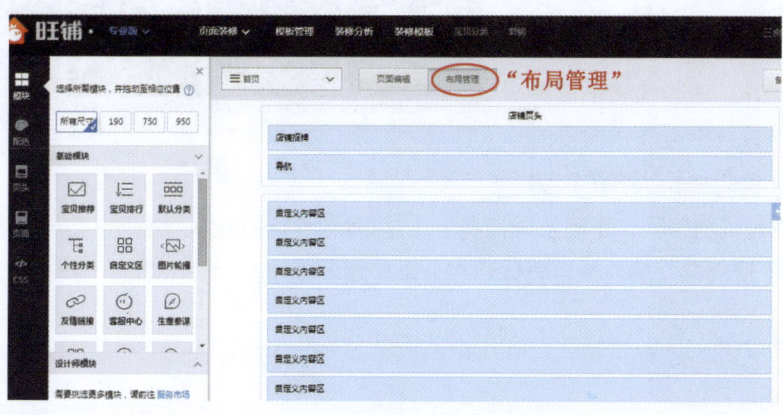

图 16

### （三）布局管理的重要性

布局管理主要是针对店铺首页进行页面的规划，而首页的点击率是最高的，如果这一页面没有设计好，顾客不会耐心浏览甚至会离开店铺，因此，需要认真考虑如何布局，才能吸引顾客、留住顾客。

#### 1.整洁统一，突出重点

（1）整洁统一。首页中出现的所有商品图的拍摄背景、色调、光感最好尽量统一为一个基准。如果视觉感受是繁、杂、乱，不但衬托不出商品，反而会让顾客不知道该看什么，如图17、图18是对比图。

（2）突出重点。要突出店铺当下的促销活动（可在"图片轮播"中制作），如果暂时没有促销活动，则可以营造店铺形象，围绕店铺格调增加一些点缀性的设计。

图 17

#### 2.合理分布各个模块，要有层次感

（1）合理布局。店铺首页的布局模块有很多，如：图片轮播、宝贝排行、宝贝推荐、宝贝分类、友情链接和自定义模块等，这些模块不需要全都放到首页中，选择需要的即可，过多会加长顾客的购买路径。缩短购物路径，正确引导消费者才是布局管理的目的。

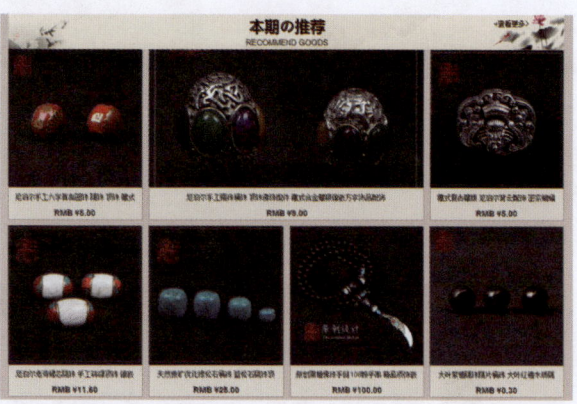

图 18

（2）层次感。层次感主要体现在分隔区域的图示要明显（如图19、图20）。

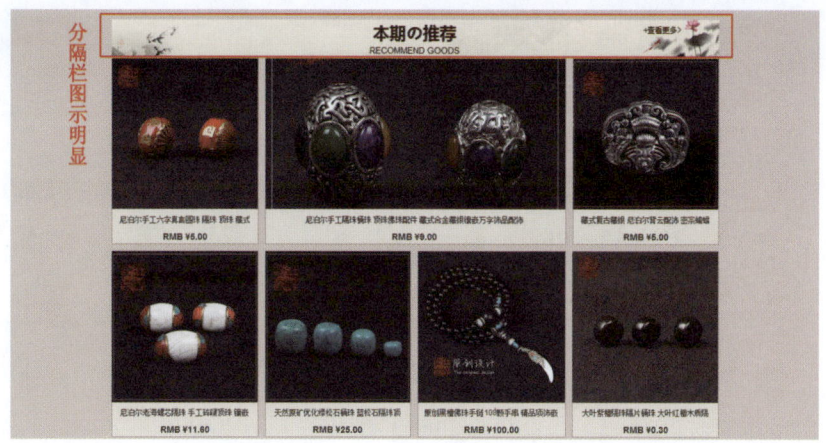

图 19

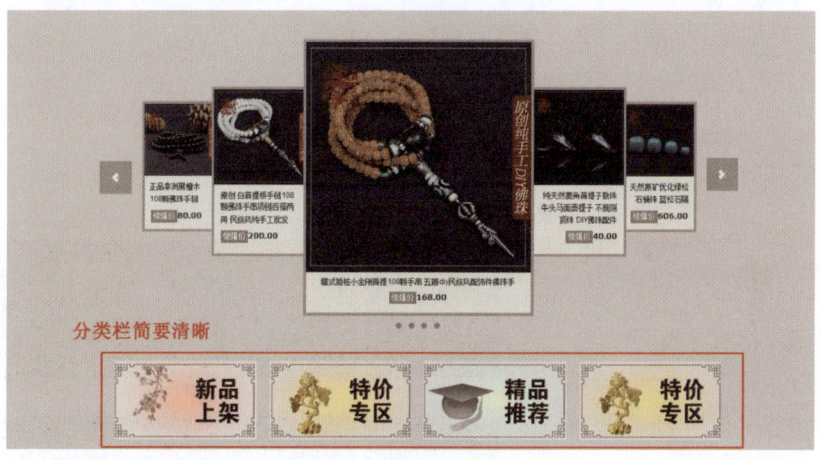

图 20

关于店铺首页的布局和设计，请多参考淘宝网上的一些销量很好的优秀金牌店铺。

## 三、店铺标志设计

淘宝店铺标志，简称店标（如图 21），是识别店铺的视觉符号，代表着店铺的风格、店主的品位和店铺的形象。

图 21

### （一）店标设计要求

（1）淘宝店标的尺寸为 100×100 像素，大小为 80k 以内。

（2）淘宝店标支持的格式为 JPG、JPEG、GIF 和 PNG。

### （二）店标设计原则

（1）通常要包含店铺的名称。

（2）简洁、明快、容易辨别，不要过于繁复，要保证在小尺寸下能良好显示。

（3）色彩要单纯，凝练，迎合店铺的风格。

### （三）店标分类

店铺主要分为以下几种：文字型店标、图形店标、图文结合店标、还有结合广告语的店标（如图 22）。

图文结合的店标　　　文字型店标　　　结合广告语的店标

图 22

### (四)店标制作步骤

在店标的类别中,图文结合的店标比较常见,下面,我们以 Adobe Photoshop 为例作示范:

1. 打开文件

打开 Adobe Photoshop,选择"文件"——"新建"(如图 23)。

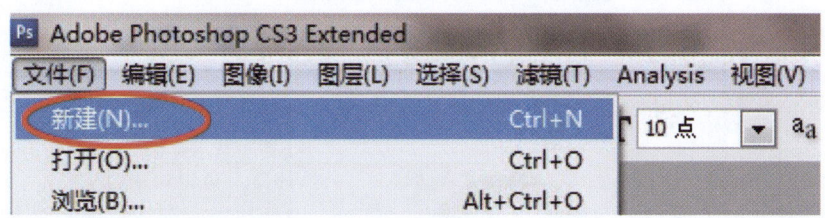

图 23

2. 新建文件

一个 100×100 像素的新文档(如图 24)。

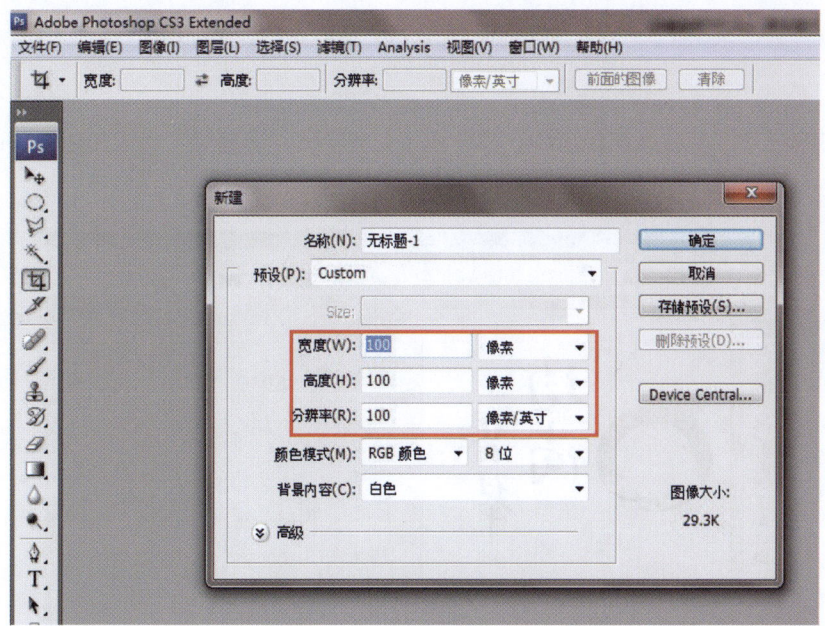

图 24

### 3. 绘制店标图形

使用 Adobe Photoshop 里的相关工具绘制好所需图形（如图 25），这个步骤涉及的主要工具有移动、选框、钢笔和渐变，这些工具的使用请多参阅 Adobe Photoshop 的基础教程。

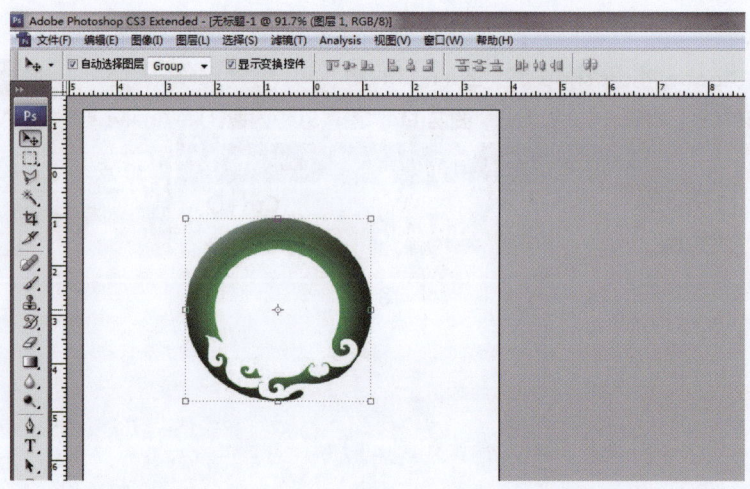

图 25

### 4. 设计店标文字和字体

使用文字工具输入店铺名称，并选择适宜的字体，调整好字号（如图 26）。

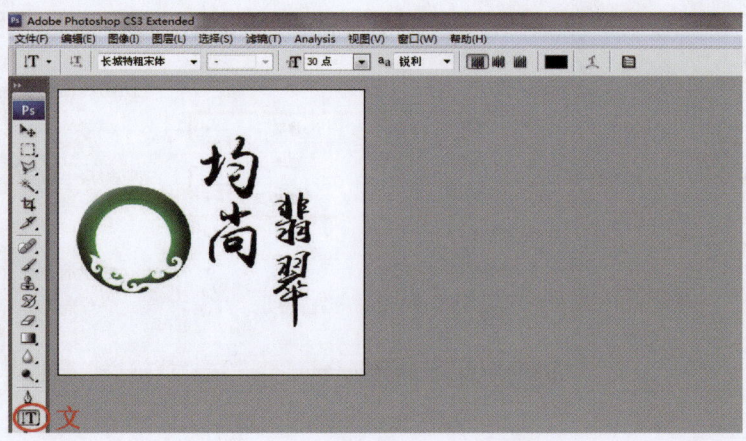

图 26

5.构图和细节的调整（如图27）

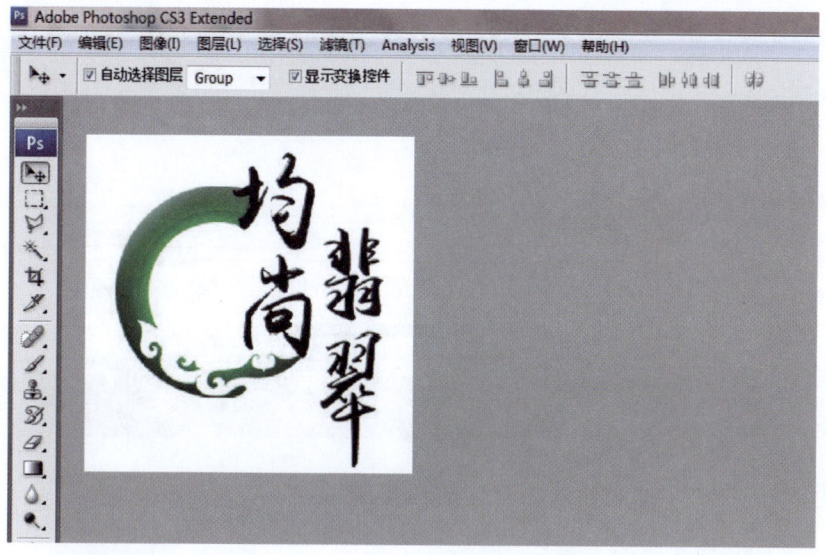

图 27

6.文件保存

将制作好的店标进行保存，存储为JPG的格式后，进入"卖家中心"——"店铺管理"——"店铺基本设置"上传店标，上传完毕后点击"保存"（如图28）。

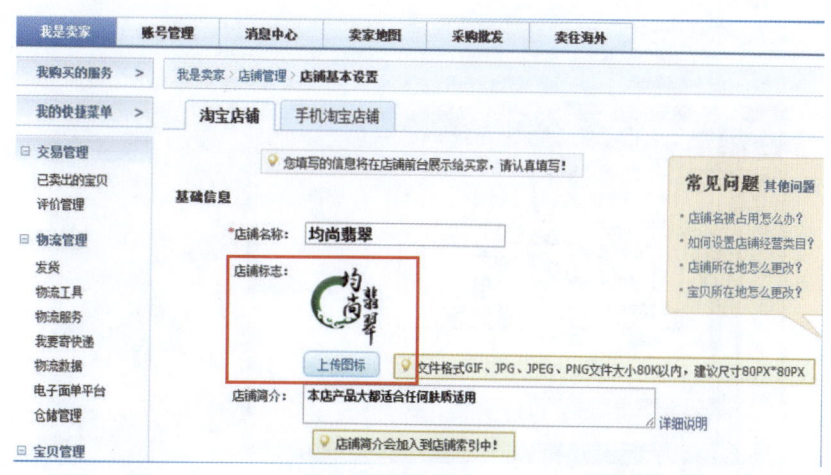

图 28

## 四、店铺招牌设计

淘宝店铺招牌，简称店招（如图29）。店招是店铺的第一屏内容，是买家进入店铺看到的第一个模块，也是让买家产生视觉好感并留下印象的第一区域。

图 29

**（一）店招制作步骤**

根据店铺的类型和风格，选择所要使用的设计元素、色彩和布局方案，可以制作店招的软件同样是 Adobe photoshop、Adobe Illustrator 和美图秀秀。

1. 店招的尺寸

将店招的尺寸设置为 950×120 像素（如图30）。

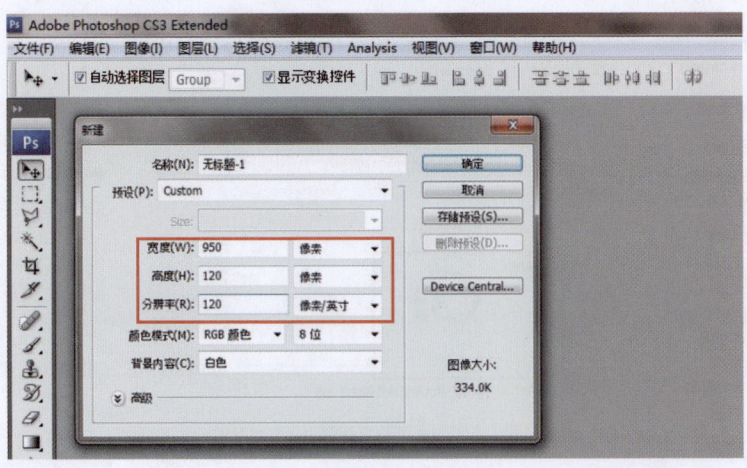

图 30

2.店招的背景制作

根据店铺的定位和风格在软件中制作店招背景。

3.添加的文字内容和插图

根据店铺的定位和风格在软件中制作、添加店招文字及插图。

（二）店招的上传步骤

1.将店招添加至店铺图片空间

进入"卖家中心"——"店铺管理"——"图片空间"，点击"上传图片"，将制作好的图片上传到店铺图片空间（如图31）。

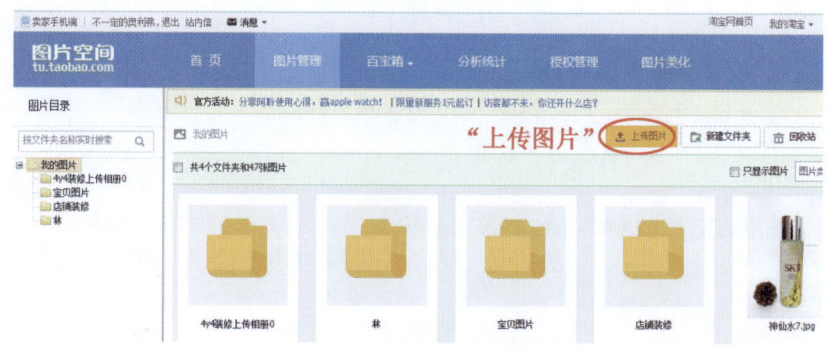

图31

2.将店招上传至店铺首页

进入"卖家中心"——"店铺管理"——"店铺装修"，将制作好的店招上传（如图32）。

图32

3. 插入图片

插入图片的窗口（如图33），上传完成后点击"保存"并发布。

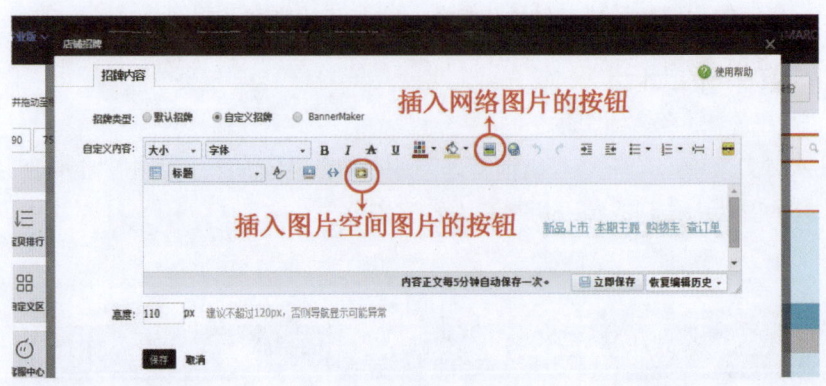

图 33

关于店招和店标的制作，如果确实是没有设计基础的，可以选择在线制作的网页进行设计。

## 五、图片轮播制作

图片轮播占据了店铺首页最大的幅面，是店铺的重点广告宣传区，首页的轮播图是整个网店的核心，轮播图片的好坏直接可能影响到商品的点击量，店铺的浏览量等，而这些都是影响到店铺排名的重要因素。

### （一）图片轮播设计要点

在 Adobe photoshop 中设计好作为轮播的图片，至少两张，设计要点如下：

第一，轮播图片的内容可以是促销活动，也可以是店铺形象宣传。

第二，突出宣传的主题，排版美观。

第三，轮播图片要清晰可见，像素足够高，看上去要有质感，切忌将低像素（模糊）的图片放上网店首页上，顾客一看到这样的图片，立刻会留下不好的印象，对你店铺的信任度也会大打折扣。

## （二）图片轮播制作步骤

### 1.添加图片轮播模块

进入"卖家中心"——"店铺管理"——"店铺装修"，添加图片轮播模块（如图 34）。

图 34

### 2.设置轮播图片的尺寸

淘宝固定的图片轮播尺寸宽度最宽可设为 950 像素，高度最高可设为 600 像素。

目前，比较流行全屏式的图片轮播，这需要借助在线的"全屏轮播海报代码生成器"（如图 35）。

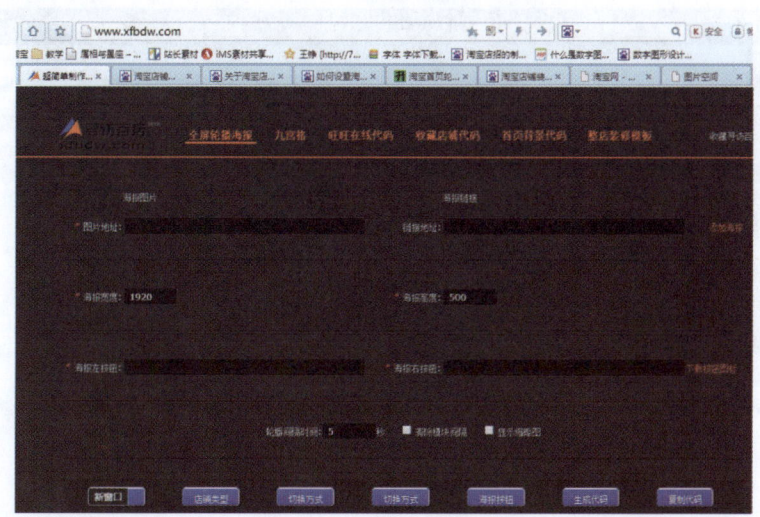

图 35

### 3. 上传轮播图片至店铺空间

进入"卖家中心"——"店铺管理"——"图片空间",点击"上传图片",将制作好的图片上传到店铺图片空间(如图36)。

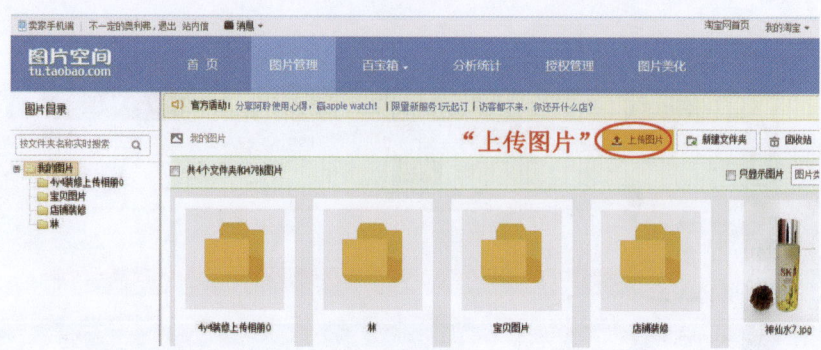

图 36

### 4. 上传轮播图片至店铺首页

进入"卖家中心"——"店铺管理"——"店铺装修",将制作好的图片轮播上传(如图37、图38)。

图 37

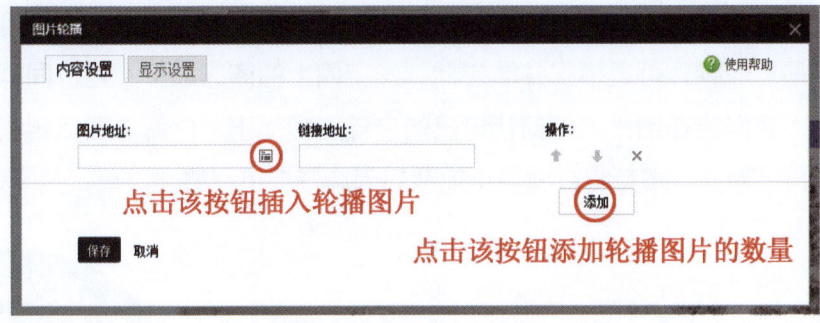

图 38

5. 上传完成后点击"保存"并发布

## 六、结　语

　　以上就是网店设计中几个比较重要的模块，在制作过程中，卖家需要在有限的页面中，做到将图片、文字、色彩统一格调并贯穿全店，总而言之，页面框架清晰，主次分明，定位明确，独特灵活的设计才能成为经典，只要吸引了人们的目光，终有属于自己的市场。

很多新手认为网上开店就是把店铺装修好，然后发布商品，等待订单和发货，最后收款。可是事实并非如此，淘宝网上的商店成千上万，同样的商品不止一家网店在销售，如何让自己的店铺脱颖而出，这就需要新手去完成营销推广，对此，本章将分成三个部分对网店营销进行概述。

# 第4章 网店营销

## 一、商品的发布技巧

### （一）商品标题的组合

每天在淘宝网上架的商品不计其数，只有让商品脱颖而出才能得到更多的交易机会。然而买家想在成千上万的商品中找到自己想要的商品，一定会去使用关键字搜索。

**1. 关于关键字的设定，通常的设置方法有以下三种**

（1）品牌＋名称＋型号，如苹果智能手机 iPhone 6/ iPhone 6 plus。

（2）优惠＋名称＋品牌＋型号，如特价智能手机 苹果 iPhone 4S。

（3）品牌＋名称＋型号＋优势＋服务，如苹果 智能手机 iPhone 6 实体店铺 大陆行货 全国联保。

**2. 额外的设置方法**

（1）店铺名称＋品牌＋型号＋商品关键字

（2）信用级别＋好评率＋店铺名称＋促销＋特性＋形容词＋商品关键字

另外关于商品名称，关键字是不能随便乱用的，淘宝网对于商品命名有许多规则，如果违反这些规则就会被处罚，例如删除商品或被警告。所以在不清楚的情况下，一定要去了解这些规则，这些规则可以在淘宝的"使用帮助"中找到。

### （二）商品标题如何吸引人

淘宝上的商品标题字数是有限制的，在30个汉字以内。如果你的商品质量很好，价格又便宜，同时商品描述也是精心设计的，可惜就是商品标题不吸引人，没有买家点击，那么也是没有意义的，所以撰写商品标题是非常重要的。通常情况下，把商品的核心卖点用简短的语言表达出来，也可以把商品最重要的 1 个或 2 个特点融入到商品标题中（如图 1）。

**Apple/苹果 iPhone6 Plus 5.5寸港版 6p/美版电信三网手机秒发**

全新-原装配件--未激活 10年老店，北京实体连锁店特惠：信誉保证！坚持好品质！十年一直在努力】

| 价格 | ￥4388.00——7220.00 | 1250 累计评论 | 199 交易成功 |
| 淘宝价 | ￥4288.00 狂欢继续 | | |

图 1

设置具有吸引力的商品标题需要注意的事项：

1. 商品标题简洁明了和准确

商品标题应该一目了然，不能让买家产生误解，要让买家能够清晰地解读商品标题信息，知道是不是自己所需的产品，同时也便于买家搜索，增加交易机会。

2. 添加一些特殊或者醒目的符号

大多数买家在看搜索出来列表的时候都是一扫而过，如果添加一些特殊或者醒目的符号，可以吸引买家的注意力，从而增加交易机会。

3. 加入一些感性词

例如"特价""促销""新品上市""热销""保证100%正品""秒杀包邮"等等这些感性词，它能够调动买家的情绪和购买欲望，并且能够提高商品的成交率。

4. 不要在商品标题中放入店铺名字

由于商品标题字数有限，最好不要去占用商品标题的字数，除非店铺名字和商品名字一样。

（三）撰写商品描述

商品描述是非常重要的，它关系着店家的交易量。一个好的商品描述往往可以节省大量时间去回答买家的问题，更能留住那些不想咨询的"懒惰买家"。每一个商品描述就是一次商品营销，要让买家一看完商品描述，就让他认为这就是他梦寐以求的东西。同时也需要用尽一切办法让潜在的买家有一个购买你商品的理由，让他们心甘情愿地来购买你的商品。商品描述的撰写如图2~图6所示。

撰写商品描述应该注意的方面：

1. 详细的商品信息

由于图片不能反映出一些商品的信息，比如材料、产地、生产厂家、售后服务、商品性能等。这就需要店家结合图片详细的描述，并且对比同类商品，详细描述自己的商品优势和特色信息。

2. 内容要全面

要采用换位思考的方式去思考，假如我是买家，我会比较关心哪一些问题。例如常见的问题包括：材质、重量、大小、颜色、适合人群、使用事项、真假辨别、服务承诺、市场价、支付方式等。

图2

3. 让买家直观地了解商品信息

商品描述应该把文字、图片、表格等三种方式有效地结合起来，这样能让买家更加直观的了解商品，增加购买的机会。

4. 推荐相关商品

在商品描述中增加相关商品的推荐，例如特价商品、本店热销商品等。让买家有更多的选择，扩大店铺中商品的宣传力度。

5. 参考同行的皇冠网店

在写商品的描述时，可以去同行做得比较好的网店逛逛、看看，去借鉴别人好的东西。

[重要提示] 由于巧克力属于易融化的美食，天气逐渐热起来了,加上运输途中车上闷热,所以很容易融化，（如果很介意有溶化的亲们请慎拍哈）！请亲们收到后先放在冰箱里冷藏半小时到一小时,这样的话不单不会融化了,而且会更加美味哦！所以我们不接受因融化问题的退货要求哦！

图3

图 4　　　　　　　　　　　　　图 5

外包装尺寸：135mm×85mm×190mm

图 6

### （四）商品的定价技巧

很多新手开始经营网店的时候，都会对自己的商品定价感到茫然，或者去参考别人网店的价格，又或者自己先定个价格卖着看，根据销售的结果再进行调整。其实，可以运用某些方法和某些策略来给商品定价，促进商品的销售。

#### 1. 尾数定价

大多数店家都不会把商品的价格定为整数，事实上，非整数定价法能激发消费者的购买欲望。例如，一条毛巾想卖 10 元，但是店家最终标价是 9.9 元，这可以让买家感到此价格是经过仔细核算的，增加购买欲望。

### 2. 折扣定价

（1）数量折扣，让消费者多买商品，例如：满100元送10元，满86元包邮。

（2）会员折扣，让消费者成为回头客，以后再来店里买东西能得到更多的优惠，例如：会员卡打9折，白金卡打8折，钻石卡打7折。

### 3. 价格分割

价格分割是为了满足消费者求廉价的心理，将商品的计量单位细分化，然后按照最小的计量单位报价的策略。例如：售卖黄金都是按照克来计算，如果一件黄金饰品标出的价格是28万/公斤，马上就会把消费者吓跑的，但是把价格变成280元/克就会很好。

### 4. 降价不如返钱

例如：店家会对买家承诺，凡是下次再到本店购买商品，会按上次购买的金额返10%的现金给买家，这就会促使更多的消费者来本店购买商品。因为消费者会认为这10%返现是意外的收获，上次购买的价格是合理的。其实，卖家不用担心，那10%是从买家那里赚来的。这种小小的策略就能让消费者源源不断地来光顾本店。

## 二、在淘宝网上的推广方式

### （一）添加友情链接

友情链接是网店与网店之间的简单合作形式，都是为了增加店铺的流量，从而获得交易的机会。添加友情链接就是在自己店铺上放置对方的店铺名称和店铺logo（商标），并且设置对方店铺的超链接，可以使买家在合作的店铺上发现自己的店铺，从而到达相互推广的作用。

#### 1. 友情链接的好处

（1）店铺添加友情链接能让买家觉得你的店铺非常专业，同时给人的感觉是店铺的整体功能非常完善。

（2）添加友情链接就会有很大机会跟合作的店铺分享共同的买家，店铺的流量也会随之增加，交易率也伴随着增长。

#### 2. 使用友情链接的技巧

（1）与朋友或同学交换链接。假如你有同学或者朋友是开淘宝店的，你们可以选择相互之间交换链接，这样可以增加彼此的店铺流量，最好是与卖相关商品的店铺链接。例如你是卖女装的店铺，你就可以跟卖饰品的店铺交换链接。但是，卖同样商品的店铺相互添加友情链接很可能出现问题，如果哪一家店铺的商品有优势，消费者就会跑去那一家店铺进行购买，这就没有发挥出友情链接的作用。

（2）与同级别的交换链接。和跟自己一个级别的店铺进行友情链接，无论对自己的店铺还是别人店铺都是有好处的。

（3）与比自己高级别的交换链接。通常情况下，和与自己级别高的店铺相互添加友情链接是比较困难的。但是世上无难事，只怕有心人，对于新手买家来说，就要学会去虚心请教，因为这些高级别的店铺都是从新手卖家做起来的，他们更能体会到新手卖家的艰辛，所以他们是有可能跟新手卖家相互添加链接的。

### （二）论坛营销

论坛营销是通过文字、图片、视频等方式发布企业产品和服务信息，从而让目标客户了解企业的产品和服务，最终到达宣传目的的网络营销活动。通常情况下，淘宝新手卖家进入淘宝社区经验畅谈居等地方发帖、回帖，通过这种方式让自己的店铺获得店铺流量，就可以推广自己的店铺了。但是，论坛营销最关键的是发布的帖子有没有人看，这就需要技巧。

精华帖是淘宝论坛中的一种帖子，并且精华帖是可以有效地提升店铺浏览量，一篇精华帖一般会带来成千上万的流量，它的内容丰富，阅读价值高（如图7）。

写好精华帖的技巧：

1. 基本要求

帖子必须要符合原创、好贴、不违反发帖规则的基本原则。

2. 内容要详细和实用

一般的精华帖字数平均在 2500 字左右。

3. 帖子需图片和文字结合

图片和文字结合帖子比纯文字的帖子更有吸引力，最好是原创。

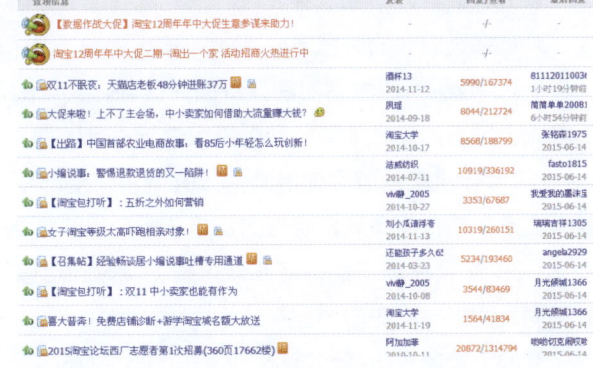

图 7

4. 帖子的题目要特别

好的帖子题目往往能吸引更多的人来阅读，读者都是通过题目来选择阅读的内容。

### 5. 选择的发帖时间

一天中有两个比较好的发帖时间段，一个是12点至14点期间，另一个是19点至22点。因为这两个时间段逛社区的人多，回帖率也会相对较高。

### 6. 淘宝论坛的操作流程：

（1）进入淘宝首页，通过页面右上方的"论坛"链接登录社区页面。

（2）点击"论坛"按钮，在弹出的论坛版块页面中选择论坛类型，并进入该论坛主页。

（3）点击"个人中心"进入论坛登录页面，并以淘宝会员用户进行登录。

（4）创建帮派。

（5）访问别人的帮派。在论坛主页上进行帖子搜索，查看感兴趣的帖子，发表评论，或者发表自己的帖子等操作。

（6）如果有淘友对自己发表的帖子进行评论、咨询等时，应及时对对方的咨询进行帖子回复。

## （三）直通车

淘宝直通车是根据商品的设置关键词来进行排名，再按照点击进行收费。淘宝直通车有三大优势，分别是广告针对性强、广告位置好、按照效果收费。

### 1. 淘宝直通车的作用

吸引新顾客，增加流量。

### 2. 淘宝直通车的付费方式

（1）当买家搜索到卖家设置的关键词，卖家的商品会出现在直通车展位，如果买家点击卖家的商品才会收费，不点击就不会收费。

（2）直通车没有额外的其他服务费用，全部都是卖家的广告费用，第一次开户就需要至少预存500元，点击的费用从账户里扣除。

（3）卖家关键词的排名高低是根据卖家自己设置的关键词价格决定的。同样的关键词，价格高就在前面。

### 3. 淘宝直通车的操作流程

（1）进入淘宝直通车系统后台，点击页面右上角"我要推广"。

（2）选择"推广计划"。

（3）点击"推广店铺"。

（4）选择页面。

（5）设置推广图片、标题、副标题和推广关键词。

（6）设置默认出价，完成设置。

## 三、淘宝网以外的推广方式

### （一）使用即时聊天工具推广

1. QQ签名推广

在QQ个人设置中有一栏是个性签名，在个性签名栏中QQ用户可以根据自己的当时心情、个人爱好和喜欢的名人名言来设置与众不同的个性签名。同时，对于开网店的新手们就可以利用QQ签名去添加自己的店铺名称、主要经营范围、店铺的网址等。只要你的QQ好友在线或者跟你聊天都能看到，能更好地宣传推广。

操作步骤如下：

（1）登录QQ后，在昵称下面有一栏是"编辑个性签名"（如图8）。

图8

（2）按鼠标"左键"单击，就可以编写内容了（如图9）。

图9

（3）完成以后按"回车键"就可以了（如图10）。

图10

2. QQ空间推广

提高QQ空间的流量就是让别人去空间里不断地留言，如果在QQ空间里面添加上店铺的广告信息，那么访客来到空间就可以看到，这就是QQ空间推广。

操作步骤如下：

（1）登录 QQ，进入 QQ 空间页面，单击页面右上方的图标 ，然后再单击"主页排版"进入空间装扮（如图 11）。

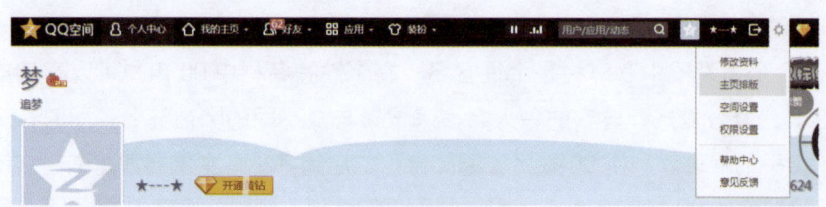

图 11

（2）接着单击左侧的"增删模块"（如图 12）。

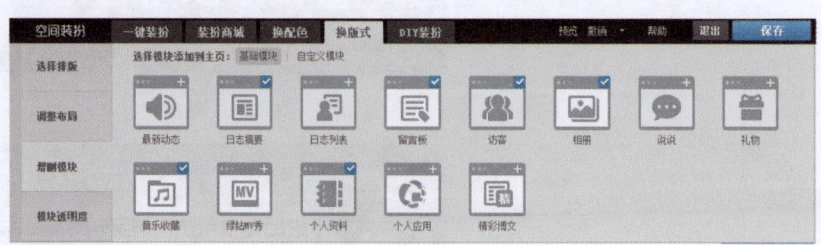

图 12

（3）然后单击选择模块添加到主页的"自定义模块"，接着再单击"新建模块"（如图 13）。

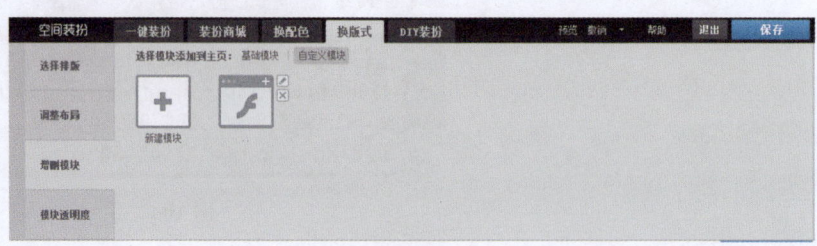

如图 13

（4）选择"图文模块"类型，进入"添加图文模块"页面，在此页面中填写相关图文信息（如图14、图15）。

图14　　　　　　　　　　　　　图15

（5）设置好以后，把模块管理中的其他窗口关掉，剩下的窗口就是一个图片链接。

这样QQ空间设置就完成了，每一个人进来就可以点击图片了，那么就只要宣传这个QQ空间的地址就可以了。

3. QQ群推广

店家可以加入一些买卖交流群和潜在目标消费者群，建议进入群之后混个脸熟，再发布店铺或者商品的广告，也可以跟其他卖家交流淘宝心得体会，同时再相互交换友情链接。在别人的群过多地发布广告有可能被剔出群，所以店家可以自己建群，自己当群主，这样就不会担心被剔出群了，并且可以把潜在消费者或者已购买过本店商品的消费者拉入群里，销量也可以得到增长，也能让顾客对店铺保持忠诚度。

（二）使用邮件推广

通常情况下，使用邮件推广的手段包括会员通信、电子刊物和电子邮件广告等。

1. 利用电子邮件推广的好处

（1）成本低。因为电子邮件不用邮寄和印刷的费用，所以使用成本非常低，这可能会造成垃圾邮件横行，但是电子邮件确实成为最实用的营销方法之一。

（2）即时性强。相比其他网络营销的方法，电子邮件的传播速度非常快。邮件发送后几分钟，最多几个小时就能被收到。

（3）针对性强。电子邮件具有很强的定向性，可以根据不同的人群发送不同的邮件，并且针对目标顾客能进行电子邮件群发，让宣传推广更好地推进。

2. 电子邮件营销的技巧

（1）店铺的标志应该放在邮件最显眼的地方。把店铺的标志放在邮件中，在每一次发送电子邮件的时候，有利益对店铺的品牌形象进行宣传推广。所以最好是把店铺标志放上电子邮件中显眼的地方，比如邮件顶部。

（2）选择使用邮件字体不宜过多。在一封电子邮件中，最多使用两种字体就可以了。一种字体是标题，另一种字体是正文，尽量使用常规的字体，如：Time New Roman、宋体等。如果使用了非常规的字体可能有些客户的计算机不能够识别。

（3）内容简洁明了，重点突出。很多客户在浏览营销邮件的时候，他们都是一扫而过。所以邮件的内容必须要在几秒钟的时间里吸引读者的注意力，否则就会成为垃圾邮件被删除。因此，邮件的内容要保持重点突出和简洁明了。

（4）利用图片补充说明。在营销邮件中加入一些图片可以让邮件内容更加丰富，同时图片也能吸引读者的注意力，便于信息更好地传递。

**（三）使用微信推广**

最近几年，随着使用微信的人越来越多，微营销也随之而诞生，很多微信用户开始使用微信去宣传推广商品。所以，作为淘宝新手卖家也可以结合微信去推广自己的店铺。比如通过朋友圈去发布店铺的信息和商品的信息，同时还可以让自己的朋友转发信息，帮助自己店铺宣传，增加店铺流量和交易机会。

朋友圈发布信息的三个步骤：

第一，点击朋友圈界面的右上方的"相机"按钮，可以从手机相册或者拍照来选择照片。

第二，选完照片后，把"这一刻的想法"替换他成自己想要推广的内容，同时还可以选择公开或者私密发送。

第三，照片和图文发布后，自己或是朋友都可以对图文评论和点"赞"。

**（四）小礼物推广**

建议在给买家邮寄商品的同时寄上自己的名片和宣传单，或者送一些小礼物，在小礼物上印上自己店铺的名字、网店地址，从而加深买家对你的网店的印象。

## 四、结　语

这些店铺营销知识对于新手是非常实用的，可以利用淘宝和淘宝以外的方式进行宣传推广店铺。很多淘宝新手在开店铺的时候，资金都很有限，本章概述的大多数推广方法都是免费的。另外，网店新手应该注重商品标题和商品描述的撰写，这会影响买家的购买欲望，从而决定是否进入网店购买商品。

# 第5章 网店物流

物流是电子商务实现的重要保障,也是商品从虚拟电子平台到现实世界消费者手中的重要途径。在网上商店销售的商品,只有通过物流环节送达消费者手中并签收时,一笔交易才算成功。物流贯穿于实体商品流通的每一环节。想要做好网上商店的经营,物流是其中的关键。

## 一、物流的概念与功能

### (一)物流的概念

中国国家标准《物流术语》(GB/T18354-2001)对物流的定义是:物品从供应地到接收地的实体流动过程,根据实际需要,将运输、储存、装卸、搬运、包装、流通加工、配送、信息处理等基本功能实施有机的结合。

### (二)物流的功能

物流的功能一般认为有包装、装卸、运输、储存保管、流通加工、配送、物流信息等。本章针对网上商店的实际运用,主要介绍其中的两个功能:仓库管理、实物配送。

## 二、仓库管理

仓库管理是网上商店区别于传统实体商店的一大特色，是能够做到最大限度的低库存，甚至是"零库存"。零库存是以仓库储存形式的某种或某些种物品的储存数量很低的一个概念，甚至可以为"零"，即不保持库存。这样可以降低店主成本，实现效益最大化。但在网店实际运营过程中，还是避免不了一些商品库存。店主需要根据实际情况，进行网店仓库建设和管理。

### （一）仓库概念

仓库是保管、储存、物品的建筑物和场所的总称。现代仓库的功能已由保管型向流通型转变，网店仓库是直接向网店消费者配送实体商品的暂存仓库，也可以叫做网店配送中心。仓库的选址很重要，交通便利，运营维持成本，库存容量等因素都是网店店主需要考虑的。

### （二）仓库管理

1. 商品入库

对上游供应商发来的商品进行验收入库。根据验收单核对商品规格、型号、数量、生产日期等，将验收合格的商品入库并填写入库单据（如图1）。

图1

入库单的填写说明：

（1）本单为一式三联，第一联为仓库记账联，第二联作为财务记账联；第三联作为存根。

（2）单据需填写清楚供应商的名称、入库日期、货品编号、货品名称、单位、入库数量、单价、金额等。

2. 商品出库

根据客户的下单对相应的商品进行拣选，确认商品无误后出库打包准备配送，并填写出库单（如图2）。

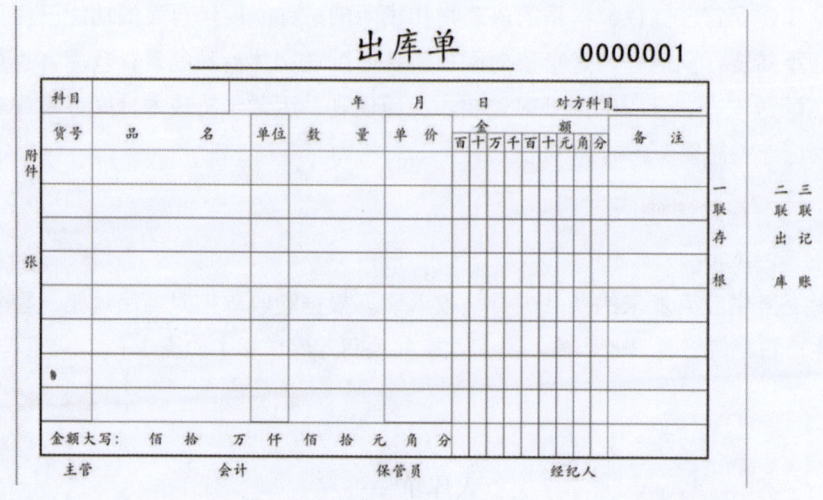

图2

出库单填写说明：

（1）本单为一式三联，第一联为仓库记账联，第二联作为财务记账联；第三联作为存根。

（2）单据填写清楚客户名称、出库日期、货品编号、货品名称、单位出库数量、单价、金额等。

出库原则：

（1）分单拣选。当有很多张客户订单需要处理时，按照客户订单细目，一张订单拣选完成，再进行下一张订单的拣选，并再次检查确认商品的品种规格数量等信息，以防出错。

（2）先进先出后进后出法。指对于同一种商品在发货时，先进入仓库暂存的商品先发货，后进入仓库的商品后发货。这样可以避免商品在仓库堆放时间过长，超过保质日期而变质，给店主带来不必要的经济损失。

3. 在库管理

（1）日常保管。

①对库存商品进行分类整理，不同种类商品，按轻重大小材质不同进行分类摆放；同种商品，按进入仓库暂存的时间和生产日期的先后顺序摆放，为以后商品出库做好准备。

②对库存商品进行定期盘点，掌握商品实际数量与账目情况是否相符。

③对特殊商品进行特殊存储。销售特种商品的网店，需根据商品的特性，建造适宜的存储环境，注意控制仓库温度和湿度。如茶叶等商品。

（2）盘点作业。指对在库的物品进行账目和数量上的清点作业。

①通过点数计数查明物品在库的实际数量，核对库存账面资料与实际库存数量是否一致。

②检查在库物品质量有无变化，有无超过有效期和保质期等现象。

4. 包装

包装是生产的终点，社会物流的起点。中国国家标准 GB/T4122.1－1996 中规定，包装的定义是：为在流通过程中保护产品、方便贮运、促进销售，按一定技术方法而采用的容器、材料及辅助物等的总体名称。也指为了达到上述目的而采用容器、材料和辅助物的过程中施加一定技术方法等的操作活动。根据物流方式和销售要求的不同，分为商业包装和工业包装。

对网上商店而言，包装主要有两个功能：

（1）保护售出的商品在配送过程中的性状完好。避免日晒、雨淋、灰尘污染和运输途中的碰撞、挤压等。

（2）为自己的网上商店起到宣传作用，并增加商品附加价值。如：印有店名或店铺 logo 的包装物，小赠品等。

5. 仓库需要的设施设备

（1）货架：用于摆放网店暂存待售商品（如图 3）。

（2）小推车：用于出入库搬运商品（如图 4、图 5）。

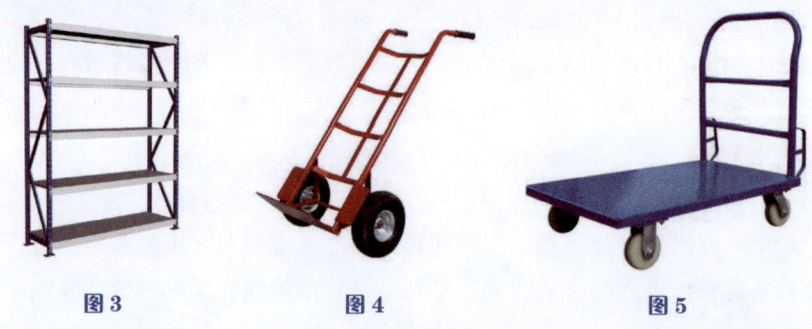

图3　　　　　　　图4　　　　　　　图5

（3）托盘：可码放箱状商品于空地上（如图6）。

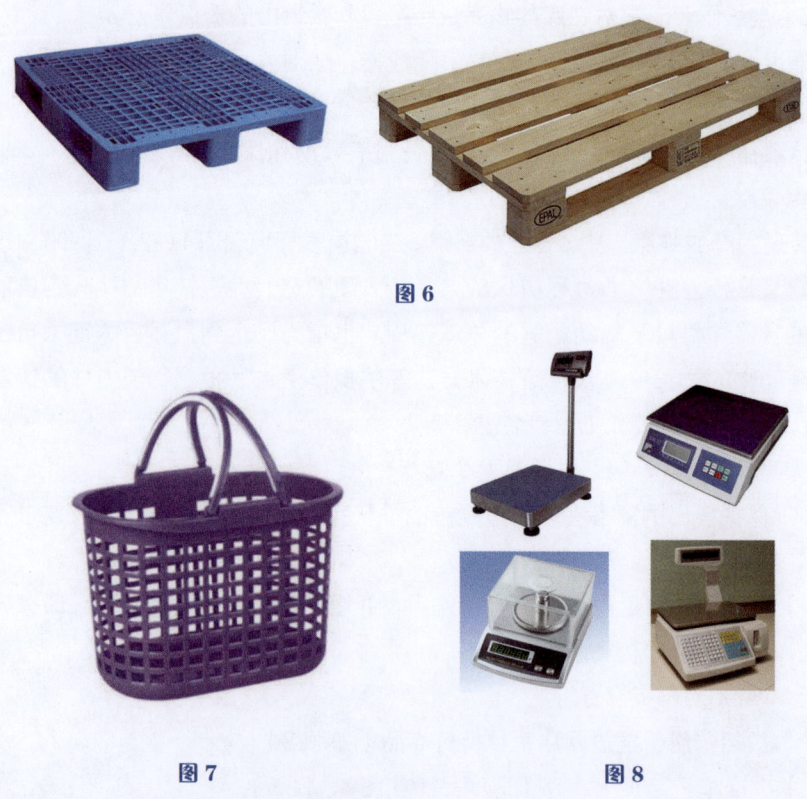

图6

图7　　　　　　　　　　图8

（4）分拣篮：出入库验收、分拣商品时进行临时集装（如图7）。
（5）电子秤：称取商品单位重量（如图8）。

（6）外包装物：用于统一摆放或配送，如：塑料袋、纸箱等。

（7）封箱器：用于包装封口和多件商品捆绑。

## 三、实物配送

### （一）配送概念

配送是指在经济合理区域范围内，根据客户要求，对物品进行拣选、加工、包装、分割、组配等作业，并按时送达指定地点的物流活动。配送是物流中一种特殊的、综合的活动形式，是商流与物流紧密结合，包含了商流活动和物流活动，也包含了物流中若干功能要素的一种形式。

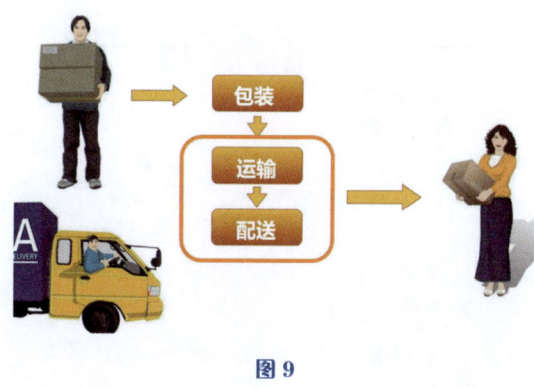

图9

配送的方式多种多样，网店店主可根据客户订单的情况，并和客户商量达成一致意见后，选择适合的配送方式将网店商品送达到客户手中。物流运输流程图（如图9）。

### （二）配送方式

结合网上商店的销售特点，目前操作性较强，适用的配送方式有下面几种：

#### 1.自主配送

（1）概念：由网上商店店主负责对售出商品进行实物配送，直至送达客户手中签收的全过程。

（2）优势劣势：网店能够对配送过程进行全程实时掌控，并对发生不可控情况能第一时间知晓并及时处理。但也增加了部分人工成本，客户订单量大时可能会处理不及时导致配送滞后，使网店信誉受损。

（3）适合范围：适用于配送距离短的客户。如：同城配送或校内配送。

（4）运作方法：首先，要组建一支本网店的物流配送团队；对团队进行短期培训；分工协作完成本店售出商品的配送工作；送达时客户出示有效身份证件本人验收并在配送单上签字。配送单是双方重要的货物交接凭证，需填写清楚收货人姓名联系方式和货物名称及收货时间等基本信息（如图10）。

| 玉溪工业财贸学校校内配送单 | 单据号： |
|---|---|
| 收货人姓名： | 发货人姓名： |
| 收货人班级/宿舍号： | 发货人班级： |
| 收货人联系方式： | 淘宝店名： |
| 货物品名： | 配送费用：（　　　元/包邮） |
| 配送时间：<br>配送人签名： | 收货时间：<br>收货人签名（本人签收）： |

图 10

（5）物流工具：汽车、摩托、小推车、分拣篮等。

2. 客户自取

（1）概念：经双方协商后，由客户选择时间上门自取网购商品并现场验货签收的全过程。

（2）优势劣势：为网上商店大大节省了成本。但大部分网上购物的客户会觉得很麻烦转而选择其他店铺购买，存在客户资源流失的隐患。

（3）适合范围：适用于轻便商品及住在配送中心或仓库附近的客户。

（4）运作方法：客户出示网购凭证和有效身份证件，本人当场验收并在配送单上签字。配送单的填写参照自主配送的配送单。

3. 配送外包

（1）概念：网上商店选取一家或几家专业的配送企业，将本店订单的配送工作外包给有实力专业的配送企业来完成的送货方式。

（2）优势：减少人工成本的投入，能有更多精力花在网店的经营上。

（3）适合范围：配送企业交通网络所能覆盖的区域，适用于几乎所

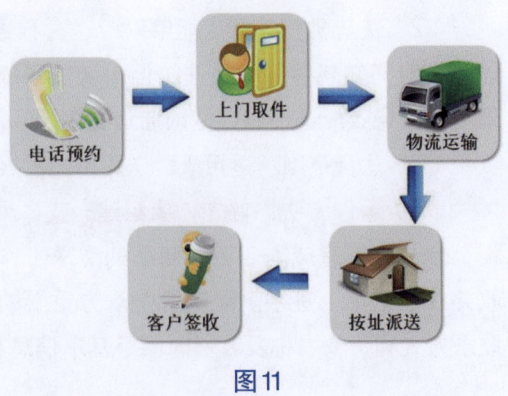

图 11

有配送距离的客户。

（4）国内配送企业介绍：随着我国电子商务的快速发展，第三方中小配送企业也随之蓬勃发展。目前排名靠前的配送企业有：中国邮政、申通快递、圆通快递、顺丰快递、中通速递、宅急送、天天快递、韵达快运等。

（5）运作方法：网上商店结合自己所在的城市区域，选择有实力的配送企业与之合作，经双方协商后，签订长期合作的配送合同。有客户订单时，马上与配送企业取得联系，配送人员上门取件完成配送工作。

（6）物流工具：可请配送企业提供相应包装服务。配送流程图（如图11）。

4. 淘宝网页截图参考

（1）客户拍下商品后，卖家中心淘宝网页显示（如图12）。

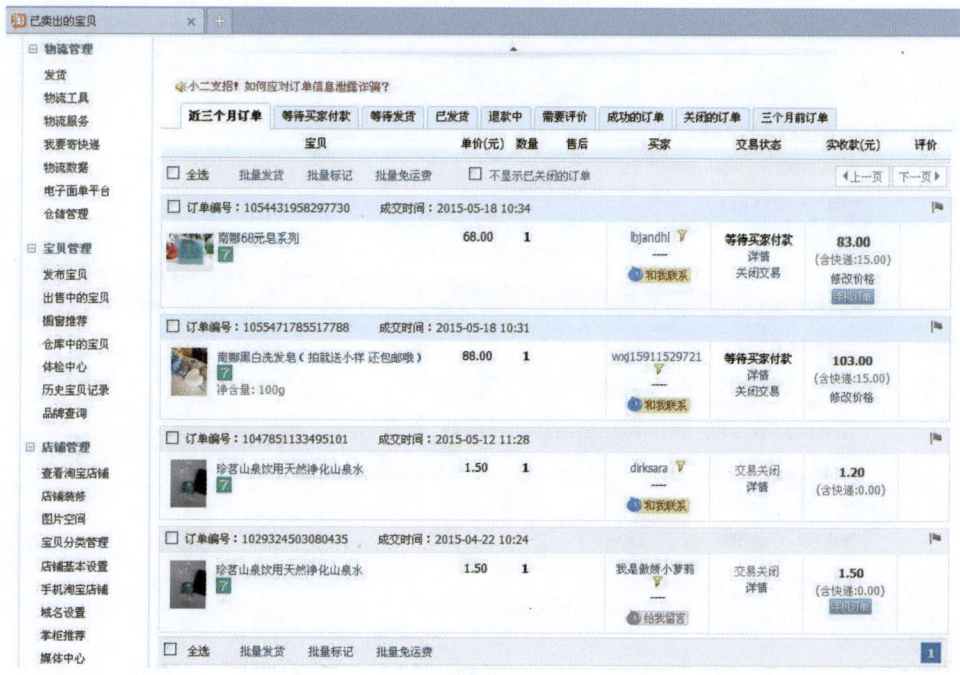

图12

（2）双方协商后，修改物流价格（如图13）。

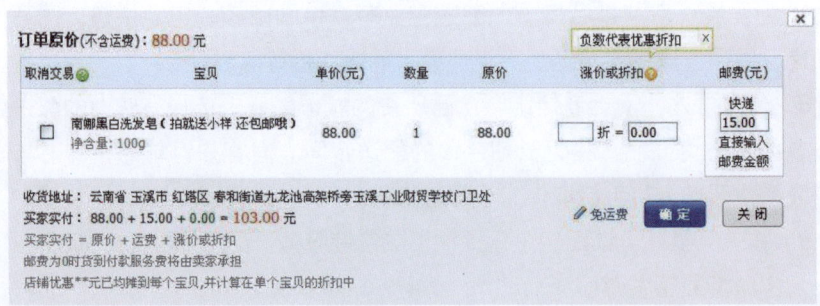

图13

（3）查看客户收货信息，双方协商并确定配送方式（如图14~图16）。

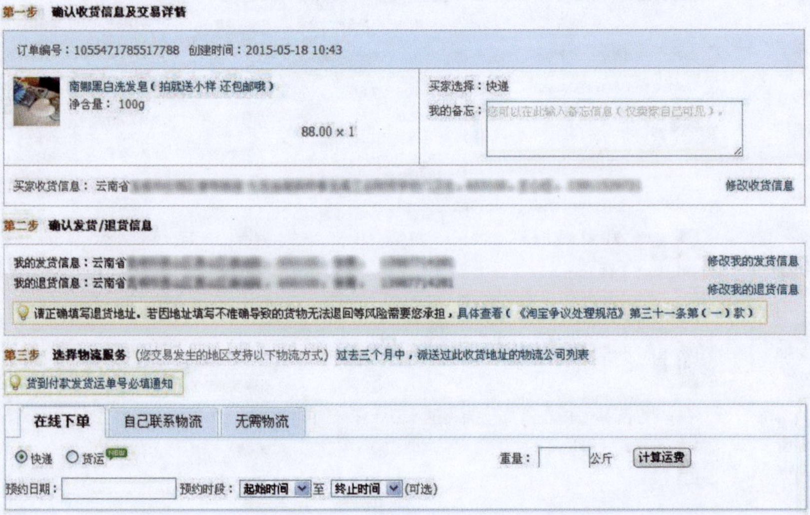

图14

图 15

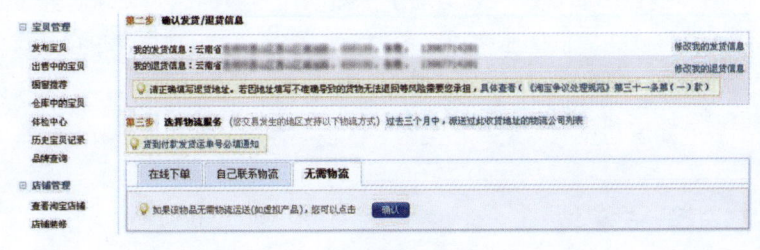

图 16

（4）客户收到商品后，配送活动完成。

## 四、结 语

实现商务电子化的网上商店在经营过程中，每一张订单的处理，每一笔交易的完成，都离不开物流中的仓库管理和实物配送。做好物流的各环节工作，才能把网络世界的虚拟商城和现实中的实物商品消费完美地衔接起来。不管是琐碎的进出库记录工作，还是直接面对消费者的配送工作，都需要相关配送人员的认真、细致、勤恳、耐心和尽职尽责。

电子商务是新兴的行业，踏实的物流工作决定电子商务的成败。

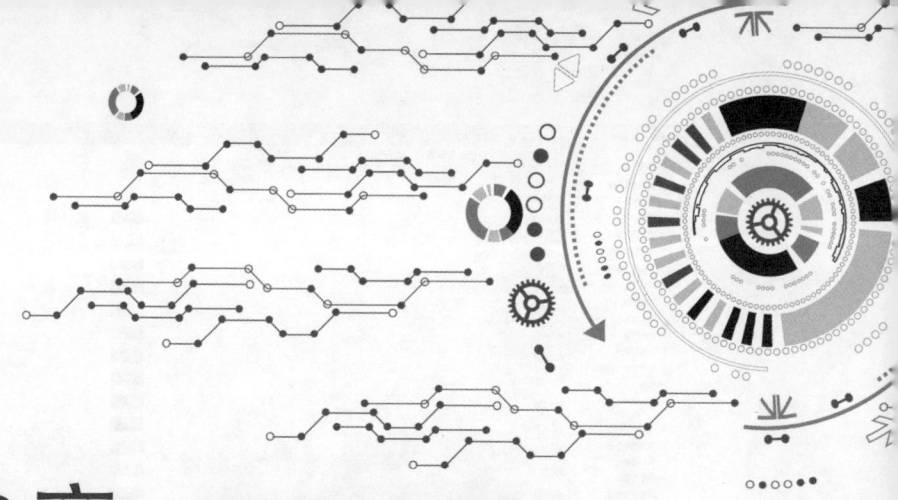

# 第6章　网店客服

网络购物的快速发展促使越来越多的企业和个人在像淘宝网这样的网上购物平台上开设网店和销售商品，这一趋势催生了对网店客服的巨大需求。经过专业训练的网店客服人员是网店提供优质客户服务的重要保证。要为客户提供优质客户服务，不仅需要对销售的整个过程进行详细划分以提供精细的服务内容，还要求网店客服人员具备相应的知识和技能以满足各类客户的需要。

## 一、基本概念与分类

### （一）基本概念

网店客服是通过网络为客户提供的所有服务和技术支持的总和，它贯穿于整个销售过程。

### （二）网店客服分类

网店客服通常分为两大类：
一是依据网店交易过程分为售前客服、售中客服和售后客服；
二是依据提供服务的方式分为文字客服、视频客服和语音客服。

## 二、作用与意义

网店客服最重要的作用是提高客户的满意度。客户满意度取决于客户的心理预期与实际待遇之间的对比。当实际待遇超出或符合心理预期时，网购客户就会有满意的体验，网店客服才能称之为有效。有效的网店客服可以产生粘性效应，吸引客户重复前来消费或与其他人分享满意的消费体验，增加潜在客户。有效的网店客服可以帮助塑造网店形象，宣传企业文化。因此，任何能够提高客户满意度的内容都应该纳入网店客服的范围内。反之，当实际待遇低于心理预期时，网购客户会感到不满意，从而转移到其他地方寻求更为满意的消费体验，并且与其他人分享之前不满意的消费体验，这将导致网店潜在客户的损失。

### 三、网店客服人员的岗位职责

对于小规模的网店来说，客服的工作一般不进行细分，而是一人身兼数职。但是具备一定规模的网店，需要对客服的工作内容和岗位职责进行细分。客服工作根据交易过程可分为售前、售中和售后三个部分。网店客服人员在这三个部分中分别承担不同的岗位职责。

#### （一）售前客服的岗位职责

1. 商品上架及销售设置

客服人员将准备销售商品的图片、资料、介绍等放入商品发布页面适当的位置，设置商品的颜色、尺寸、库存等信息，以便客户选购。

2. 接待来访客户，尽力促成交易

客户在确定购买的商品前，常常就各种问题进行咨询。客服人员应以良好的心态和状态投入工作，熟记销售产品的规格、参数、功能、用途等各种信息，灵活运用沟通技巧和谈判技巧回应客户的咨询，主动向顾客介绍店内的优惠政策，促使客户做出同意购买的决定。

3. 订单确认

当客户决定所需购买的商品后，客服人员要依据客户要求和备注，对订单进行拆分或合并，核对顾客是否符合店铺优惠政策，修改成交价格或邮费，以保证客户可以及时、顺利付款。

#### （二）售中客服的岗位职责

1. 管理发货信息

售前客服接到订单后，具体订单信息将会转交售中客服处理。售中客服需要依据售前客服与客户达成的协议，确认待发货商品信息和物流信息，之后进行打单工作，即打印客户的出库单和快递面单。在打印快递面单时要结合网店实际情况和客户的需求选择合适的快递公司。

2. 商品打包

客服人员根据发货单上的信息将商品从仓库中挑出，检查商品外观是否有破损，核对商品种类和数量，核对客户下单时提供的备注信息是否附有赠品、发票等物，避免错发、漏发或将有瑕疵的商品发给客户。另外，如果打包过程中遇到小物件，应在打包时放在包裹内显眼的位置，以免顾客拆开包裹时遗漏在包装内。

3. 安排货物出库及发货

客服人员将打包好的包裹贴上快递单，按约定时间交给快递或物流公司，并妥善保管快递单的底单，并转交给售后客服。

（三）售后客服的岗位职责

1. 物流跟踪

售后客服将快递单号及时添加到订单状态中，方便顾客查询物流信息。如果遇到有需要的客户，协助客户联系快递公司，为客户解决物流问题。

2. 退换货及投诉处理

对于提出退换货申请的客户，依据法律法规要求和网店规定为客户办理。如果遇到客户的投诉或中、差评，应及时联系客户了解原因，并与客户共同协商解决方法，以提高客户的满意度。

3. 客户回访

对于收到货物后做出好评的客户，可进行回访。了解客户对网店服务和商品使用的建议，以便在今后对网店服务做进一步提升。

## 四、网店客服人员的工作流程和职业素养

（一）客服人员的工作流程

具体工作流程如下图所示：

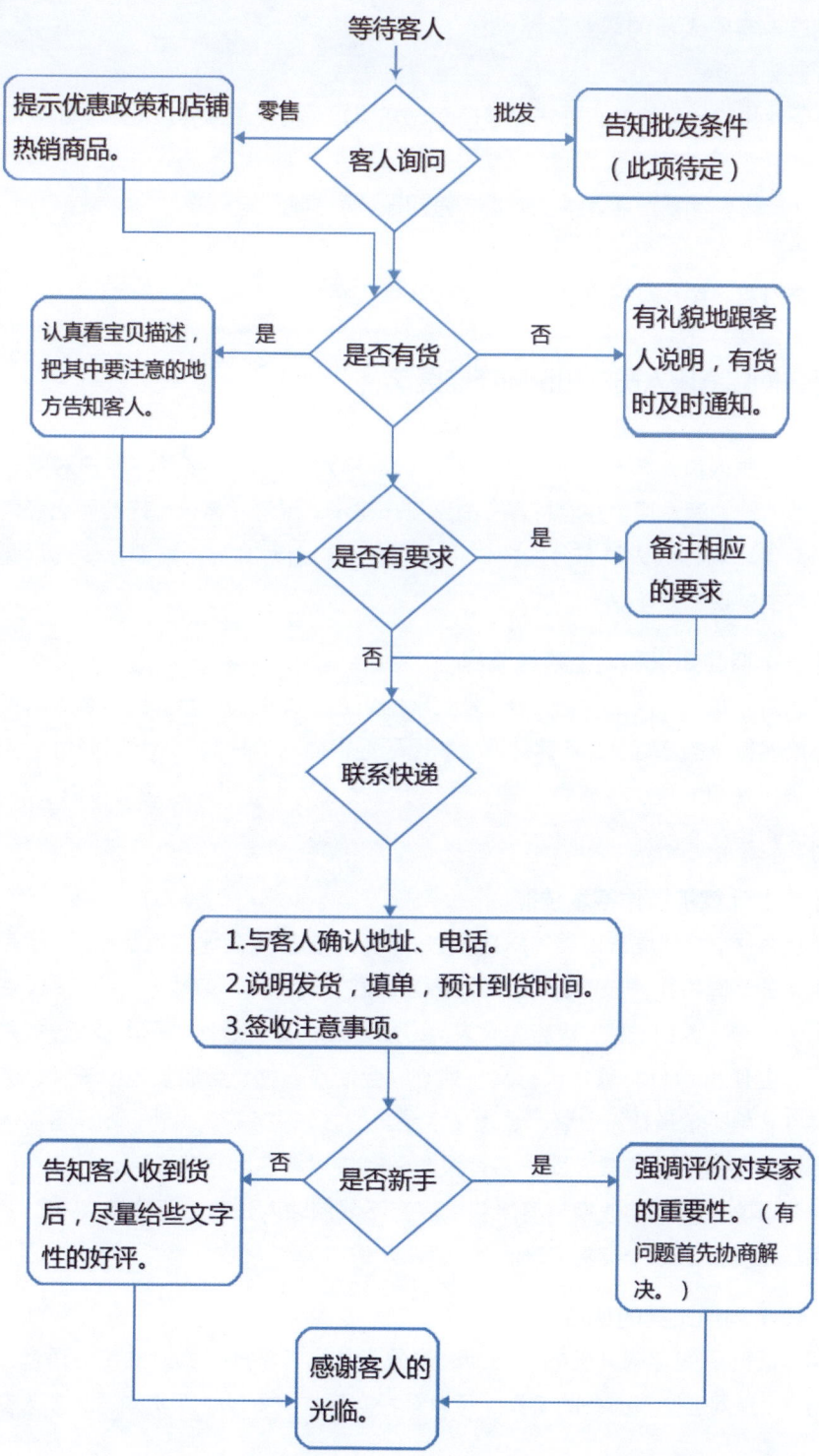

## （二）客服人员的职业素养

### 1. 较强的学习能力

具备较强的学习能力，可快速掌握专业知识，及时开展工作。

### 2. 钻研业务

工作严谨，计划性强，善于分析思考问题，有责任心。

### 3. 善于合作

勤奋踏实，具有良好的服务意识与团队合作精神。

## 五、网店客服人员的知识和技能要求

网店客服人员是代表网店与客户接触的最前沿窗口，直接影响客户对网店的印象及消费体验的满意度，并能将客户的意见、建议、想法和需求反应给网店经营者。因此，为使网店客服人员充分发挥作用，应在上岗前对其进行培训，使其掌握网店客服所需的知识和技能。

### （一）商品知识和网上购物流程

熟悉商品知识和网上购物流程，是实现网店客服关键的一步。网店客服人员在了解产品所属行业的基础上，有针对性地掌握所经营商品的种类、材质、尺寸、用途、注意事项、使用方法、维修方法等。这样，客服人员才能很好地帮助客户了解商品，进而使客户接受商品。

### （二）计算机操作基本技能

网店客服，特别是营销类的网店客服，一般不需要太高深的电脑技能，但是需要掌握基本的计算机操作技能，才能在网络上通过沟通工具自如地与客户沟通，解决客户提出的问题。因此，要求网店客服人员必须掌握计算机操作的基本技能，如熟悉操作系统、会使用 Office 软件进行文字处理、会制作表格、会收发电子邮件、会管理电子文件、熟悉使用搜索引擎、熟悉文字录入的方法，等等。另外，由于客服人员往往实行一对多的服务方式，即一名客服会同时应对多名客户的咨询，因此在招聘客服时，对其文字录入的速度也有所要求。在不限制输入法时，每分钟录入不少于 60 个汉字或不少于 180 个英文字符。

### （三）沟通工具的使用

阿里旺旺是淘宝网开发的一种即时沟通工具，它集成了即时文字、语音、视频沟通方式，是网上交易必备的工具。可以轻松实现广交好友、买卖沟通、多人交流空间、交易工具、文件传输、交易提醒、快捷通道、最新商讯等功能。熟悉使用阿里旺旺，将可以帮助卖家轻松找客户，发布、管理商业信息，及时把握商机，随时洽谈生意，更好地实现网店客服目标。网店客服人员应熟悉使用阿里旺旺的以下功能：

第一，掌握阿里旺旺聊天窗口中各选项的使用。

第二，如何完善阿里旺旺中的个人资料。

第三，如何设置个性签名。

第四，如何设置自动回复及选择合理的回复内容。

第五，导入快捷回复的语句，能够根据客户提出的问题，在快捷回复中找到相应的选择，快速解答客户的疑问。

第六，管理联系人列表，依据买卖、朋友、亲人、同事等类别区分联系人。

第七，添加好友，依据其所在组别进行沟通交流，适当使用消息群发等功能。

第八，善用搜索功能对联系人和相关网站进行搜索。

第九，运用阿里旺旺中的各种附加功能，例如截图、文件传输等。

第十，如何查看历史聊天记录。

第十一，掌握阿里旺旺常见问题的解决办法。

### （四）沟通技巧

与顾客进行良好的沟通是网上店铺成功的关键因素之一。网店经营中，卖家与客户几乎不会直接面对面。与顾客打交道的时候，必须更加注意技巧，否则，客户流失的速度比实体店经营更快。因此，网店客服与顾客进行沟通时，应及时、真诚、完善、准确地把握客户心态等。

#### 1. 售前客服

售前服务相当于销售，客服需回答客户拍下宝贝之前的各种问题，以帮助客户做出购买决定。客户对一家店铺最直接的印象正是来自于售前客服。因此，要求网店客服人员掌握以下沟通技巧：

一是态度热情而礼貌，语气亲切、适当运用各类聊天表情。

二是客服专业化，对在售产品的规格、颜色、使用方法、注意事项等问题，应熟记于心，并要熟悉当期网店的优惠活动。

三是推销痕迹不要过重，以免引起客户反感。不要急着建议客户购买，而是根据客户的表达引导其作出购买决定。

#### 2. 售中客服

客户拍下宝贝到确认收货之前的过程称为售中服务，服务内容包括：客户拍下宝贝、支付、货物备注、快递、发货、客户确认收货、交易评价的所有问题。这是整个销售过程中最为复杂的一个环节,也最容易出现问题,客服人员应对这个环节做好充分准备。

一是要有足够的耐心,客户的素质参差不齐,要求也不尽相同,偶尔会提出一些额外甚至是苛刻的要求。客服人员应在允许范围内尽可能满足客户要求,但同时也应有底线,遇到无法满足的情况也应委婉回绝,并注意回绝的过程中不能出现侮辱性语言,以免伤到客户自尊。

二是及时、准确地回答客户的疑问,解决客户的问题。如支付环节情况比较复杂,包括网上银行支付、第三方支付、信用卡分期付款、货到付款等情况,客服人员需要熟知这些支付方式的具体操作,才能及时回答客户的疑问。

三是应处处为客户着想,提高客户的满意度。发货前一定要与客户核对收货地址、联系人和方便收货的时间,并与客户商议选择哪家快递,发货后及时通知客户快递信息以方便查收。同时,应积极跟踪货物的物流信息,如果物流出现问题,应及时跟客户协商解决办法。

### 3. 售后客服

售后服务就是在客户收到商品后,在使用的过程中,关于退换货以及中差评、投诉纠纷交易的处理等各个环节。售后处理得是否及时、得当,将直接影响客户的评价和今后的购买决定。因此,善于沟通是售后客服应具备的重要技能。

一是需要很强的服务意识,主动向客户了解情况,站在客户的角度来思考其遇到的问题和不满意的原因,争取在顾及双方利益的前提下,尽量满足客户的要求。

二是以正确的态度面对客户投诉,真诚地帮助客户解决问题,及时处理好各类纠纷、投诉,尽量满足客户的要求。

三是正确处理客户的不良情绪。客户接触售后客服的初期情绪有可能过激,应给予客户释放不良情绪的机会,并进行适当安抚。等客户情绪相对稳定之后,再作出相应的解释。首先表明自己诚恳的态度,再向客户做出赔礼道歉。

四是杜绝出现售后客服环节抱怨顾客、推脱责任的现象。

## 六、结　语

网店客服人员是网店直接面对客户的一个窗口,代表着网店的形象,优秀的网店客服人员可以使销售过程更加顺利,促使客户更快的做出购买决定,并有效解决客户在售中和售后遇到的问题。因此,网店应重视对网店客服人员的职前和职中培训,以保证网店客服在网店中的重要作用得以有效发挥。